25 Juegos de Ejercicios para aprender Pygame.

Desde cero.

Índice

Introducción a Pygame

¿Qué es Pygame?

Pygame es una biblioteca de Python diseñada para el desarrollo de juegos y aplicaciones multimedia. Esta biblioteca proporciona herramientas y funcionalidades que permiten crear juegos 2D de manera eficiente y relativamente sencilla. Al ser construida sobre la biblioteca SDL (Simple DirectMedia Layer), Pygame ofrece una interfaz simple y potente para el desarrollo de videojuegos.

Instalación y Configuración

Antes de comenzar a trabajar con Pygame, es necesario instalar la biblioteca. Puedes instalarla utilizando pip, el gestor de paquetes de Python, ejecutando el siguiente comando:

```
pip install pygame
```

Una vez instalado, estás listo para comenzar a crear tus propios juegos.

Primeros Pasos con Pygame

Pygame proporciona una serie de funciones y herramientas esenciales para iniciar el desarrollo de juegos. Desde la creación de ventanas y el manejo de eventos hasta la representación de gráficos y el control de audio, los primeros pasos con Pygame son emocionantes y llenos de posibilidades.

En esta sección introductoria, te sumergirás en el entorno de Pygame, aprenderás a configurar una ventana, dibujar formas básicas y a responder a eventos del teclado y ratón. Estos pasos iniciales te proporcionarán una base sólida para empezar a construir tus propios juegos y aplicaciones interactivas.

¡Prepárate para sumergirte en el emocionante mundo del desarrollo de juegos con Pygame!

Conceptos Básicos de Pygame

Ventanas y Superficies

En Pygame, una ventana se representa mediante la clase `pygame.Surface`. Esta superficie es donde se renderiza todo en un juego. Para crear una ventana en Pygame, se utiliza `pygame.display.set_mode((ancho, alto))`, donde especificas las dimensiones de la ventana en píxeles.

Dibujando Formas Básicas

Pygame ofrece funciones para dibujar formas básicas como rectángulos, círculos y líneas en una superficie. Puedes usar `pygame.draw.rect()`, `pygame.draw.circle()` y `pygame.draw.line()` respectivamente. Estas funciones permiten definir el color, tamaño y posición de las formas que se dibujarán en la ventana.

Manejo de Eventos del Teclado y Ratón

En Pygame, el manejo de eventos es fundamental para capturar interacciones del usuario. Puedes usar un bucle principal para controlar los eventos. `pygame.event.get()` te proporciona una lista de eventos ocurridos. Puedes detectar eventos del teclado (`pygame.KEYDOWN`, `pygame.KEYUP`) y del ratón (`pygame.MOUSEBUTTONDOWN`, `pygame.MOUSEBUTTONUP`, `pygame.MOUSEMOTION`) para tomar acciones específicas en respuesta a estas interacciones.

Imágenes y Sprites

Para trabajar con imágenes en Pygame, puedes cargarlas usando `pygame.image.load()`. Estas imágenes pueden ser representadas como sprites. Los sprites son objetos gráficos que pueden tener comportamientos y propiedades asociadas. Pygame permite manejar sprites usando la clase `pygame.sprite.Sprite`. Con sprites, puedes crear elementos interactivos como personajes, objetos en movimiento, entre otros.

Desarrollo de Juegos Básico

Creación de un Juego Simple (por ejemplo, Pong, Snake)

Crear juegos simples como Pong o Snake es una excelente manera de familiarizarse con Pygame. En el caso de Pong, puedes representar las paletas y la pelota como sprites. Manejar la lógica de rebote y colisión entre la pelota y las paletas es esencial. En Snake, el objetivo es controlar la serpiente para que coma comida y crezca, evitando chocar con los bordes o con su propio cuerpo.

Movimiento de Personajes

El movimiento de personajes en Pygame se logra actualizando continuamente la posición de los sprites. Puedes usar variables para representar la velocidad y dirección del movimiento. Por ejemplo, en Pong, el movimiento de las paletas se controla con las teclas de flecha o con el ratón, actualizando sus posiciones en función de las entradas del usuario.

Colisiones y Detección de Eventos

Las colisiones son cruciales en los juegos. Pygame ofrece métodos para detectar colisiones entre sprites, como `pygame.sprite.collide_rect()`. En Pong, la colisión entre la pelota y las paletas cambia la dirección de la pelota. En Snake, colisionar con la comida incrementa la longitud de la serpiente.

Implementación de Sonidos y Efectos

Pygame permite la reproducción de sonidos y efectos. Puedes cargar archivos de sonido con `pygame.mixer.Sound()` y reproducirlos en ciertos eventos del juego, como la colisión de la pelota en Pong o la comida consumida en Snake. Los efectos de sonido agregan inmersión y realismo al juego.

Gráficos Avanzados con Pygame

Animaciones y Transiciones

Las animaciones en Pygame se logran cambiando continuamente las imágenes mostradas a una velocidad específica, creando la ilusión de movimiento. Puedes utilizar una serie de imágenes o frames para crear animaciones de personajes, objetos en movimiento, transiciones entre escenas, etc. La función `pygame.time.Clock()` puede ser útil para controlar la velocidad de la animación.

Uso de Fondos y Capas

Pygame permite gestionar múltiples capas y fondos para crear juegos más complejos visualmente. Puedes superponer imágenes o superficies para crear efectos de capas y fondos de pantalla dinámicos. La gestión adecuada de capas es esencial para controlar qué elementos visuales están por encima de otros en la ventana del juego.

Implementación de Efectos Visuales

Los efectos visuales pueden mejorar significativamente la estética del juego. Pygame ofrece diversas técnicas para efectos visuales, como sombreado, transparencias, efectos de partículas, filtros, entre otros. La manipulación directa de píxeles en una superficie puede permitir efectos personalizados y creativos.

Manipulación de Texto y Fuentes

Carga de Fuentes:

Pygame permite cargar fuentes desde archivos TTF (TrueType Font). Puedes cargar una fuente usando `pygame.font.Font()` especificando la ruta del archivo de la fuente y su tamaño.

Ejemplo:

```python
import pygame


pygame.init()

pygame.font.init()


ruta_fuente = "ruta/del/archivo/font.ttf"

tamaño_fuente = 30


fuente = pygame.font.Font(ruta_fuente, tamaño_fuente)
```

Renderizado de Texto:

Una vez que has cargado la fuente, puedes renderizar texto en una superficie usando `render()` en la fuente cargada. Esto crea una superficie que contiene el texto renderizado que puede ser mostrado en la ventana del juego.

Ejemplo:

```python
texto = "¡Hola, mundo!"

color = (255, 255, 255) # Color del texto en formato RGB


texto_renderizado = fuente.render(texto, True, color)
```

Mostrar Texto en la Pantalla:

Después de renderizar el texto en una superficie, puedes mostrarlo en la ventana del juego usando `blit()` para copiar la superficie de texto renderizado en una posición específica de la ventana.

Ejemplo:

```python
posicion_texto = (x, y) # Coordenadas (x, y) donde se mostrará
el texto


# En el bucle principal del juego
```

```
ventana.blit(texto_renderizado, posicion_texto)
```

Propiedades del Texto:

Pygame permite ajustar varias propiedades del texto, como su posición, tamaño, color, alineación y más. Estas propiedades se pueden modificar antes de renderizar el texto o incluso después de renderizado para lograr el efecto deseado.

Estructura de Juegos en Pygame

Organización del Código y Estructura del Juego:

Es recomendable dividir el código en módulos o clases que manejen diferentes aspectos del juego, como la lógica del juego, la interfaz de usuario, la gestión de escenas, los objetos del juego, etc. Organizar el código de manera modular facilita su mantenimiento y comprensión.

Implementación de Menús y Pantallas de Inicio:

Crear menús y pantallas de inicio implica diseñar interfaces gráficas para que los jugadores puedan navegar y empezar el juego. Puedes utilizar una clase para cada pantalla y gestionar la transición entre ellas. Por ejemplo, un menú principal podría tener opciones como "Jugar", "Opciones" y "Salir".

Gestión de Múltiples Escenas y Niveles:

Las escenas en un juego representan diferentes estados del juego, como el menú principal, niveles del juego, pantalla de fin de juego, etc. Puedes usar clases o funciones para representar cada escena y cambiar entre ellas según la interacción del usuario o el progreso del juego.

Implementación de Sistemas de Puntuación y Fin de Juego:

Los sistemas de puntuación son fundamentales para muchos juegos. Puedes mantener un contador de puntuación que se actualice conforme los jugadores interactúan con el juego.

Además, la gestión del fin del juego implica detectar condiciones de victoria o derrota para cambiar a la pantalla correspondiente y permitir al jugador reiniciar o salir del juego.

Interactividad y Controles del Juego

Controles del Juego mediante Teclado y Ratón:

Pygame permite capturar eventos del teclado y el ratón para controlar el juego. Puedes usar `pygame.event.get()` para capturar eventos del teclado y ratón y responder a ellos. Por ejemplo, para el movimiento de un personaje, podrías detectar las teclas de flecha para cambiar su posición.

Ejemplo de Captura de Eventos del Teclado:

```
for event in pygame.event.get():

 if event.type == pygame.KEYDOWN:

 if event.key == pygame.K_LEFT:

 # Lógica para mover el personaje hacia la izquierda

 elif event.key == pygame.K_RIGHT:

 # Lógica para mover el personaje hacia la derecha
```

Implementación de Controles Táctiles (si aplica):

Para juegos en dispositivos táctiles, puedes capturar eventos táctiles como toques y gestos. Pygame admite eventos táctiles, lo que te permite implementar controles táctiles para juegos en dispositivos móviles o pantallas táctiles.

Ejemplo de Captura de Eventos Táctiles:

```
for event in pygame.event.get():

 if event.type == pygame.FINGERDOWN:

 # Lógica para manejar el evento de toque

 elif event.type == pygame.FINGERMOTION:

 # Lógica para manejar el evento de movimiento del dedo
```

Creación de Interfaces de Usuario Interactivas:

Pygame proporciona herramientas para crear interfaces de usuario interactivas. Puedes implementar botones, menús desplegables, campos de entrada y otros elementos de la interfaz de usuario. Utiliza superficies y sprites para crear elementos visuales interactivos que respondan a la interacción del usuario.

Optimización y Rendimiento en Pygame

Uso Eficiente de los Recursos:

- Gestión de Memoria: Asegúrate de liberar recursos que ya no se necesiten, como imágenes no utilizadas o superficies. Usa `pygame.image.unload()` para liberar imágenes y `pygame.mixer.Sound()` para liberar sonidos.
- Manejo de Objetos: Controla la cantidad de objetos y elementos visuales en pantalla. Demasiados elementos pueden reducir el rendimiento. Considera el reciclaje de objetos o implementa técnicas de culling para reducir lo que se muestra en pantalla.
- Optimización de Imágenes: Usa formatos de imagen eficientes (como PNG) y reduce el tamaño de las imágenes al tamaño necesario en el juego.

Estrategias de Optimización de Código:

- Bucle Principal Eficiente: Optimiza el bucle principal del juego, minimizando las operaciones costosas y maximizando la eficiencia.
- Evita Llamadas Repetitivas: Evita realizar cálculos repetitivos dentro del bucle principal. Calcula los valores una vez y reutilízalos.
- Uso de Operaciones Vectorizadas: Utiliza operaciones vectorizadas y funciones optimizadas de librerías externas

(como NumPy) cuando sea posible para operaciones intensivas.

- Perfilado de Código: Utiliza herramientas de perfilado para identificar cuellos de botella en tu código y optimizar áreas específicas que consumen más recursos.

Configuración de Pygame:

- Ajustes de Display: Configura la resolución de pantalla adecuada y el modo de pantalla completo según sea necesario para tu juego.
- Configuración de FPS: Controla la tasa de actualización del juego (FPS) para equilibrar la calidad visual con el rendimiento del juego.

Desarrollo Avanzado de Juegos en Pygame

Integración de Física en los Juegos:

- Pygame Physics Engine: Aunque Pygame no tiene un motor de física integrado, puedes implementar física básica como la gravedad, colisiones y movimiento realista. Calcula la dinámica de objetos basándote en fórmulas físicas básicas para simular el movimiento y la interacción entre ellos.

Redes y Juego en Línea:

- Módulos de Red: Utiliza módulos de red (como sockets o bibliotecas específicas de juegos) para crear juegos multijugador en línea. Configura servidores y clientes para permitir la conexión entre diferentes jugadores y sincronizar el estado del juego.

- Comunicación Cliente-Servidor: Implementa lógica cliente-servidor para manejar la comunicación entre jugadores, enviar y recibir datos del juego, y mantener la consistencia del estado del juego.

Implementación de Inteligencia Artificial en Juegos:

- Algoritmos de IA: Introduce comportamientos de IA en los juegos mediante algoritmos como árboles de decisión, algoritmos genéticos, aprendizaje por refuerzo o redes neuronales. Implementa agentes virtuales con comportamientos inteligentes para desafiar a los jugadores.
- Juego contra la IA: Desarrolla modos de juego en los que los jugadores puedan enfrentarse a o cooperar con personajes controlados por la IA. Ajusta la dificultad basándote en la habilidad del jugador o implementa sistemas de aprendizaje automático para mejorar la IA del juego.

Despliegue y Distribución de Juegos en Pygame

Empaquetado y Distribución de Juegos:

- Empaquetado del Juego: Utiliza herramientas como PyInstaller o cx_Freeze para empaquetar tu juego en un archivo ejecutable independiente. Estos programas toman tus scripts de Pygame y todos los recursos necesarios (imágenes, sonidos, etc.) para crear un ejecutable que puede ser distribuido y ejecutado en otras máquinas.
- Creación de Instaladores: Si deseas distribuir tu juego como una aplicación instalable, puedes utilizar herramientas adicionales para crear instaladores para diferentes sistemas operativos, como Inno Setup para Windows o DMG Canvas para macOS.

Consideraciones para Diferentes Plataformas:

- Compatibilidad Multiplataforma: Asegúrate de que tu juego sea compatible con diferentes sistemas operativos. Prueba tu juego en varias plataformas (Windows, macOS, Linux) para asegurarte de que funcione correctamente en cada una de ellas.
- Ajustes de Resolución y Pantalla: Considera las diferencias en resoluciones de pantalla y configuraciones de hardware entre diferentes plataformas al diseñar tu juego. Asegúrate de que la interfaz del usuario y la jugabilidad sean consistentes y funcionen bien en diversas configuraciones.

Distribución en Plataformas de Juegos:

- Publicación en Plataformas de Distribución: Si estás interesado en alcanzar un público más amplio, considera publicar tu juego en plataformas de distribución de juegos como Steam, itch.io o la tienda de aplicaciones de cada sistema operativo. Cada plataforma tiene sus propios requisitos y procesos para la publicación.

El proceso de empaquetado, distribución y despliegue de juegos en Pygame implica asegurarse de que el juego sea fácilmente accesible y funcione de manera confiable en diferentes plataformas. La optimización para diferentes configuraciones de hardware y la elección adecuada de herramientas de empaquetado son clave para una distribución exitosa.

Proyectos y Ejemplos

- Ejemplos detallados de desarrollo de juegos paso a paso

Desarrollo de un Juego de Pong en Pygame

Paso 1: Configuración Inicial

- Importa las bibliotecas necesarias: `import pygame`.
- Inicializa Pygame: `pygame.init()`.
- Configura la pantalla y el reloj: `screen = pygame.display.set_mode((width, height))`, `clock = pygame.time.Clock()`.

Paso 2: Definición de Variables

- Define las variables para la paleta, la pelota, la puntuación, la velocidad, etc.

Paso 3: Bucle Principal del Juego

```
running = True

while running:

  for event in pygame.event.get():

  if event.type == pygame.QUIT:

  running = False
```

```
# Lógica del Juego

# - Movimiento de paletas y pelota

# - Detección de colisiones

# - Actualización de la puntuación


# Dibujo en Pantalla

screen.fill((0, 0, 0)) # Limpia la pantalla

# - Dibuja las paletas, la pelota y la puntuación

pygame.display.flip() # Actualiza la pantalla

clock.tick(60) # Controla la tasa de fotogramas por segundo
(FPS)
```

Paso 4: Implementación de Movimientos y Controles

- Implementa el movimiento de las paletas con las teclas del teclado.
- Agrega la lógica para que la pelota rebote en las paletas y los bordes de la pantalla.

Paso 5: Manejo de Colisiones y Puntuación

- Detecta las colisiones entre la pelota y las paletas.

- Actualiza la puntuación cuando la pelota atraviesa los límites de la pantalla.

Paso 6: Fin del Juego y Reinicio

- Agrega condiciones para terminar el juego cuando un jugador alcanza cierta puntuación.
- Implementa una pantalla de fin de juego y un botón para reiniciar.

Paso 7: Cierre y Limpieza

- Cierra Pygame correctamente al final del juego: `pygame.quit()`.

Este es un ejemplo básico de cómo podrías estructurar el desarrollo de un juego de Pong en Pygame. Cada paso implica detalles adicionales en términos de implementación y lógica de juego, pero esta estructura te ayudará a comenzar. ¡No olvides agregar arte, sonidos y efectos para hacer el juego más atractivo!

Proyectos de juegos en diferentes géneros (arcade, aventura, puzzle)

1. Juego Arcade - "Space Invaders"

- Desarrolla un clon de "Space Invaders" donde el jugador controla una nave espacial que dispara a una horda de invasores alienígenas descendiendo hacia la parte inferior de la pantalla.
- Implementa diferentes niveles de dificultad con invasores que se mueven más rápido o tienen diferentes patrones de ataque.
- Añade power-ups y obstáculos para aumentar la jugabilidad.

Pasos para Desarrollar Space Invaders en Pygame

1. Configuración Inicial

- Importa las bibliotecas necesarias: `import pygame`.
- Inicializa Pygame: `pygame.init()`.
- Configura la pantalla y el reloj: `screen = pygame.display.set_mode((width, height))`, `clock = pygame.time.Clock()`.

2. Definición de Variables

- Define variables para la nave espacial del jugador, los invasores, los disparos, puntuaciones, niveles, etc.

3. Implementación de Objetos y Movimientos

- Crea clases para la nave espacial del jugador, los invasores y los disparos.
- Implementa los movimientos de la nave del jugador y de los invasores.
- Maneja la lógica de los disparos y las colisiones.

4. Diferentes Niveles de Dificultad

- A medida que el jugador avanza, aumenta la velocidad de los invasores o cambia sus patrones de movimiento.
- Introduce invasores con habilidades especiales o ataques más rápidos.

5. Power-ups y Obstáculos

- Implementa power-ups que proporcionen al jugador habilidades especiales o mejoras temporales.
- Añade obstáculos o barreras que protejan al jugador o dificulten el avance de los invasores.

6. Interacción de Usuario y Jugabilidad

- Controla el movimiento de la nave del jugador con las teclas del teclado.
- Maneja los disparos del jugador y de los invasores.
- Implementa la lógica de colisiones y destrucciones.

7. Diseño Visual y Audio

- Agrega gráficos para los invasores, la nave espacial y los efectos visuales.
- Incluye sonidos para disparos, colisiones, niveles completados, etc.

8. Implementación de Fin de Juego y Puntuación

- Define condiciones para terminar el juego cuando los invasores alcancen la nave del jugador o cuando se complete un nivel.
- Lleva un registro de la puntuación y los niveles completados.

9. Bucle Principal del Juego

- Crea un bucle principal del juego donde actualizas la lógica del juego y dibujas los objetos en pantalla.

10. Cierre y Limpieza

- Cierra Pygame correctamente al final del juego: `pygame.quit()`.

Aquí tienes un ejemplo básico de cómo podrías estructurar el código para el juego "Space Invaders" en Pygame. Ten en cuenta que este es un esqueleto general y puedes expandir y mejorar cada sección para hacer un juego más completo y funcional:

```
import pygame
```

```python
import random


# Inicialización de Pygame

pygame.init()


# Variables de la pantalla

width, height = 800, 600

screen = pygame.display.set_mode((width, height))

pygame.display.set_caption("Space Invaders")


# Colores

WHITE = (255, 255, 255)

BLACK = (0, 0, 0)

RED = (255, 0, 0)


# Variables para la nave del jugador

player_size = 50

player_speed = 5

player_x = width // 2 - player_size // 2
```

```python
player_y = height - player_size - 10


# Variables para los invasores

invader_size = 50

invader_speed = 2

invader_rows = 5

invader_cols = 8

invaders = []

for row in range(invader_rows):

    for col in range(invader_cols):

        invader_x = 100 + col * (invader_size + 10)

        invader_y = 50 + row * (invader_size + 10)

        invaders.append([invader_x, invader_y])


# Variable para el disparo del jugador

bullet_size = 5

bullet_speed = 7

bullet_state = "ready"  # "ready" para esperar el
disparo, "fire" cuando está en movimiento
```

```python
bullet_x = 0

bullet_y = 0



# Función para dibujar la nave del jugador

def draw_player(x, y):

    pygame.draw.rect(screen, WHITE, (x, y,
player_size, player_size))



# Función para dibujar los invasores

def draw_invaders(invaders):

    for invader in invaders:

        pygame.draw.rect(screen, RED, (invader[0],
invader[1], invader_size, invader_size))



# Función para dibujar el disparo del jugador

def draw_bullet(x, y):

    pygame.draw.rect(screen, WHITE, (x, y,
bullet_size, bullet_size))



# Bucle principal del juego
```

```python
running = True

while running:

    screen.fill(BLACK)


    for event in pygame.event.get():

        if event.type == pygame.QUIT:

            running = False

        elif event.type == pygame.KEYDOWN:

            if event.key == pygame.K_SPACE and
bullet_state == "ready":

                bullet_state = "fire"

                bullet_x = player_x + player_size //
2 - bullet_size // 2

                bullet_y = player_y


    keys = pygame.key.get_pressed()

    if keys[pygame.K_LEFT] and player_x > 0:

        player_x -= player_speed

    if keys[pygame.K_RIGHT] and player_x < width -
player_size:
```

```python
        player_x += player_speed


    # Movimiento de los invasores

    for invader in invaders:

        invader[0] += invader_speed

        if invader[0] >= width - invader_size or
invader[0] <= 0:

            invader_speed *= -1

            for i in range(len(invaders)):

                invaders[i][1] += 10


    # Movimiento del disparo

    if bullet_state == "fire":

        draw_bullet(bullet_x, bullet_y)

        bullet_y -= bullet_speed

        if bullet_y <= 0:

            bullet_state = "ready"


    draw_player(player_x, player_y)
```

```
        draw_invaders(invaders)



    pygame.display.update()



pygame.quit()
```

Este código establece la estructura básica del juego "Space
Invaders" en Pygame, incluyendo el dibujo de la nave del jugador,
invasores y disparos. Puedes expandir esta base agregando más
funcionalidades como colisiones, puntajes, niveles, entre otros
aspectos que hagan el juego más completo y desafiante.
¡Diviértete desarrollando tu juego!

2. Juego de Aventura - "RPG de Mundo Abierto"

- Crea un mundo abierto donde el jugador puede explorar un mapa grande, interactuar con personajes no jugables (NPCs), realizar misiones y mejorar habilidades.
- Implementa un sistema de combate por turnos o en tiempo real, permitiendo al jugador enfrentarse a enemigos y jefes en diferentes áreas del mundo.

Desarrollar un RPG de mundo abierto es un proyecto ambicioso pero emocionante. Aquí hay pasos generales que podrías seguir para construir este tipo de juego:

Pasos para desarrollar un juego de RPG de Mundo Abierto.

Desarrollar un RPG de mundo abierto es un proyecto ambicioso pero emocionante. Aquí te presento una estructura básica para este tipo de juego en Pygame:

1. Configuración Inicial

- Importa las bibliotecas necesarias: `import pygame`.
- Inicializa Pygame: `pygame.init()`.
- Configura la pantalla y el reloj: `screen = pygame.display.set_mode((width, height))`, `clock = pygame.time.Clock()`.

2. Creación del Mundo

- Crea un mapa grande y abierto que el jugador pueda explorar.
- Diseña diferentes áreas, entornos, ciudades, y zonas de combate.

3. Personajes no Jugables (NPCs) y Misiones

- Implementa NPCs con los que el jugador pueda interactuar.
- Diseña misiones, tareas y desafíos para que el jugador complete.

4. Sistema de Combate

- Decide entre un sistema de combate por turnos o en tiempo real.
- Diseña habilidades, ataques, defensas y movimientos para el jugador y los enemigos.
- Crea mecánicas de combate, como puntos de salud, estadísticas y niveles.

5. Mejora de Habilidades y Equipamiento

- Permite al jugador mejorar sus habilidades, adquirir equipo y armas.
- Implementa un sistema de progresión que motive al jugador a explorar y combatir en el mundo.

6. Elementos Visuales y Audio

- Agrega gráficos para personajes, escenarios y objetos.
- Incluye efectos visuales y sonidos para dar vida al mundo del juego.

7. Interfaz de Usuario

- Crea una interfaz de usuario que muestre el estado del jugador, misiones activas, etc.
- Diseña menús para acceso a inventarios, habilidades y estadísticas.

8. Interacción con el Mundo

- Implementa acciones como recolección de objetos, interacción con NPCs, tiendas, etc.

9. Historia y Narrativa

- Desarrolla una historia envolvente que guíe al jugador a través del mundo y sus desafíos.

10. Pruebas y Pulido

- Realiza pruebas exhaustivas para asegurarte de que el juego sea equilibrado y divertido.
- Realiza ajustes y mejoras en función de la retroalimentación y las pruebas.

11. Lanzamiento y Distribución

- Prepara el juego para su distribución y lanza tu RPG de mundo abierto.

Este es un esquema general para desarrollar un RPG de mundo abierto en Pygame. Cada paso requerirá una implementación detallada y lógica para crear una experiencia de juego completa y satisfactoria. ¡Espero que este esquema te ayude a iniciar tu aventura de desarrollo de juegos RPG!

Ejemplo de Código.

Solución:

Ten en cuenta que un RPG de mundo abierto implica muchas funcionalidades complejas que requieren más tiempo y código detallado para desarrollarse por completo. Aquí tienes un ejemplo básico:

```python
import pygame

import random


# Inicialización de Pygame

pygame.init()


# Configuración de la pantalla
```

```python
width, height = 800, 600

screen = pygame.display.set_mode((width, height))

pygame.display.set_caption("RPG de Mundo Abierto")


# Colores

WHITE = (255, 255, 255)

BLACK = (0, 0, 0)


# Clases para Personajes, Enemigos, NPC, Objetos,
etc.

class Player(pygame.sprite.Sprite):

    def __init__(self):

        super().__init__()

        self.image = pygame.Surface((40, 40))

        self.image.fill(WHITE)

        self.rect = self.image.get_rect()

        self.rect.center = (width // 2, height // 2)

        self.speed = 5
```

```python
    def update(self):

        keys = pygame.key.get_pressed()

        if keys[pygame.K_LEFT]:

            self.rect.x -= self.speed

        if keys[pygame.K_RIGHT]:

            self.rect.x += self.speed

        if keys[pygame.K_UP]:

            self.rect.y -= self.speed

        if keys[pygame.K_DOWN]:

            self.rect.y += self.speed


class NPC(pygame.sprite.Sprite):

    def __init__(self, x, y):

        super().__init__()

        self.image = pygame.Surface((30, 30))

        self.image.fill((random.randint(0, 255),
random.randint(0, 255), random.randint(0, 255)))

        self.rect = self.image.get_rect()

        self.rect.x = x
```

```python
        self.rect.y = y


    def update(self):

        pass



# Grupos de Sprites

all_sprites = pygame.sprite.Group()

npc_group = pygame.sprite.Group()



player = Player()

all_sprites.add(player)



# Generación de NPCs aleatorios

for _ in range(10):

    npc = NPC(random.randrange(width),
random.randrange(height))

    all_sprites.add(npc)

    npc_group.add(npc)
```

```python
# Bucle Principal del Juego

running = True

while running:

    screen.fill(BLACK)


    for event in pygame.event.get():

        if event.type == pygame.QUIT:

            running = False


    all_sprites.update()

    all_sprites.draw(screen)


    pygame.display.flip()


pygame.quit()
```

Este es un ejemplo inicial que muestra cómo crear un jugador, NPCs y cómo mover al jugador en una ventana de Pygame. Para crear un RPG de mundo abierto completo, necesitarás desarrollar muchas más funcionalidades como misiones, combates, inventarios, mapas, diálogos, y más. Este código es solo un punto de partida y requerirá mucha más lógica y contenido para hacer un juego completo. ¡El desarrollo de un juego RPG de mundo abierto es un proyecto emocionante y desafiante!

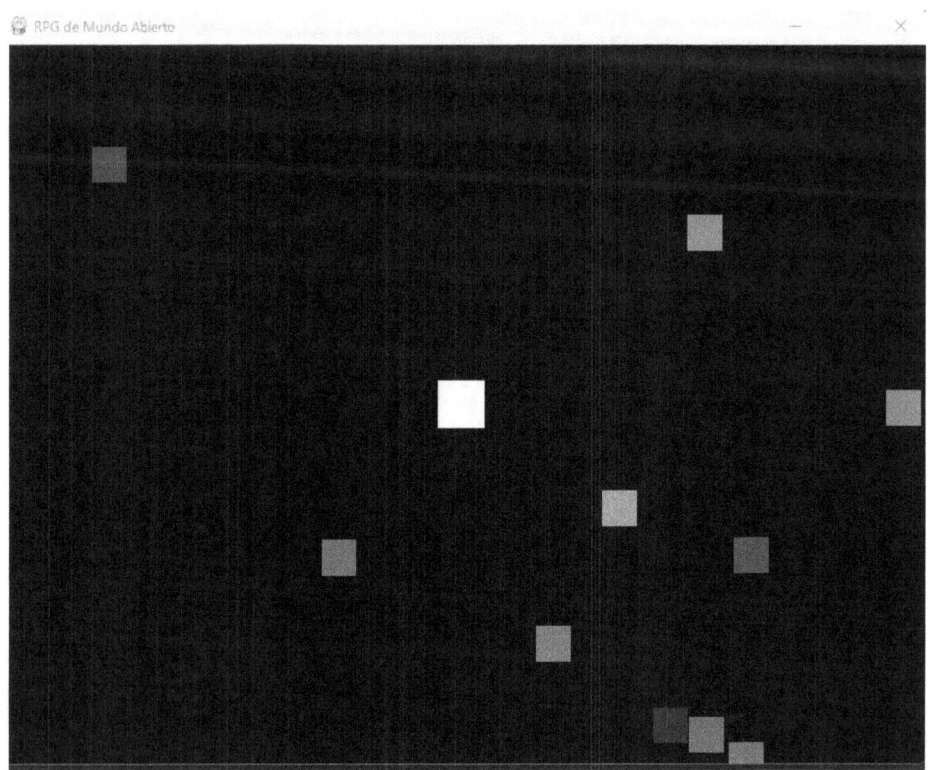

3. Juego de Puzle - "Tetris"

- Desarrolla un clon del clásico juego "Tetris" donde piezas de diferentes formas caen desde la parte superior de la pantalla y el jugador debe rotarlas y moverlas para formar líneas completas.
- Añade funciones avanzadas como diferentes velocidades de caída de piezas, opciones de guardado y carga, y efectos visuales.

Pasos a seguir para el Juego de Puzle - Tetris

Paso 1: Configuración del Entorno de Desarrollo

- Instalación de Pygame: Si optas por usar Pygame, configura tu entorno de desarrollo.

Paso 2: Creación del Tablero de Juego

- Diseño del tablero: Define las dimensiones y la cuadrícula para el juego Tetris.
- Representación de bloques: Crea las piezas tetrimino y sus posiciones.

Paso 3: Implementación de la Lógica del Juego

- Generación y caída de las piezas: Haz que las piezas caigan desde la parte superior del tablero a intervalos regulares.
- Movimiento de las piezas: Permite que las piezas se muevan lateralmente y roten.

- Colisión y bloqueo: Detecta cuando las piezas colisionan con otras o llegan al fondo, bloqueándolas en su lugar.

Paso 4: Interacciones y Puntuación

- Líneas completas: Detecta cuando se completa una línea horizontal para eliminarla y sumar puntos.
- Finalización del juego: Implementa la lógica para terminar el juego cuando las piezas alcanzan la parte superior del tablero.

Paso 5: Controles y Visualización

- Controles del jugador: Asigna teclas para mover, rotar y acelerar la caída de las piezas.
- Pantalla de juego: Muestra el tablero de juego y la puntuación actual.

Paso 6: Efectos Visuales y Sonido

- Efectos visuales: Agrega efectos visuales como animaciones cuando se completa una línea o se elimina una pieza.
- Efectos de sonido: Incluye sonidos para acciones como rotación, caída y eliminación de líneas.

Paso 7: Pruebas y Ajustes

- Pruebas del juego: Juega repetidamente para identificar errores y áreas para mejorar.
- Optimización: Asegúrate de que el juego funcione sin problemas y de manera eficiente.

Paso 8: Empaquetado y Distribución (Opcional)

- Empaqueta el juego: Prepara tu juego para su distribución si deseas compartirlo.

Este es un esquema general para crear un juego básico de "Tetris". A medida que avanzas, puedes agregar características adicionales, como niveles de dificultad creciente, efectos visuales más avanzados o modalidades de juego alternativas. ¡Diviértete desarrollando tu propio "Tetris"!

Solución:

Crear una versión básica de Tetris en Pygame es un proyecto emocionante. Aquí te proporciono un esquema básico para iniciar el desarrollo:

```
import pygame
import random

# Inicialización de Pygame
pygame.init()

# Configuración de la pantalla
width, height = 300, 600
screen = pygame.display.set_mode((width, height))
pygame.display.set_caption("Tetris")

# Colores
WHITE = (255, 255, 255)
BLACK = (0, 0, 0)
RED = (255, 0, 0)
GREEN = (0, 255, 0)
BLUE = (0, 0, 255)
CYAN = (0, 255, 255)
MAGENTA = (255, 0, 255)
```

```python
YELLOW = (255, 255, 0)
ORANGE = (255, 165, 0)

# Configuración de piezas de Tetris (cada una
representada por un array 2D)
tetris_pieces = [
 [[1, 1, 1, 1]], # I
 [[1, 1, 1], [0, 1, 0]], # T
 [[1, 1, 1], [1, 0, 0]], # L
 [[1, 1, 1], [0, 0, 1]], # J
 [[0, 1, 1], [1, 1, 0]], # S
 [[1, 1], [1, 1]], # O
 [[1, 1, 0], [0, 1, 1]] # Z
]

# Clase para las piezas de Tetris
class Piece(pygame.sprite.Sprite):
 def __init__(self, x, y, shape):
  super().__init__()
  self.shape = shape
  self.color = random.choice([RED, GREEN, BLUE, CYAN,
MAGENTA, YELLOW, ORANGE])
  self.image = self.create_piece()
  self.rect = self.image.get_rect()
  self.rect.x = x
  self.rect.y = y

 def create_piece(self):
  piece_surface = pygame.Surface((30, 30))
  piece_surface.set_colorkey(BLACK)
  for y, row in enumerate(self.shape):
  for x, val in enumerate(row):
  if val:
  pygame.draw.rect(piece_surface, self.color, (x *
30, y * 30, 30, 30))
  pygame.draw.rect(piece_surface, WHITE, (x * 30, y *
30, 30, 30), 2)
  return piece_surface
```

```
# Bucle Principal del Juego
running = True
clock = pygame.time.Clock()
fall_time = 0
fall_speed = 0.5
current_piece = Piece(width // 2 - 30, 0,
random.choice(tetris_pieces))

while running:
 screen.fill(BLACK)
 delta_time = clock.tick(60)
 fall_time += delta_time

 for event in pygame.event.get():
 if event.type == pygame.QUIT:
 running = False

 # Movimiento de la pieza hacia abajo
 if fall_time / 1000 >= fall_speed:
 current_piece.rect.y += 30
 fall_time = 0

 screen.blit(current_piece.image,
current_piece.rect)
 pygame.display.flip()

pygame.quit()
```

Este código crea una ventana básica y muestra una pieza de Tetris cayendo desde la parte superior hacia abajo. Para hacer un juego completo de Tetris, necesitarás implementar lógica para rotar las piezas, moverlas lateralmente, detectar colisiones, completar líneas, entre otras cosas. Esta implementación es solo un punto de partida para tu juego de Tetris en Pygame. ¡Te animo a seguir desarrollándolo!

4. Juego de Plataformas - "Super Mario Clone"

- Crea un juego de plataformas inspirado en "Super Mario" donde el jugador controla un personaje que debe superar obstáculos, evitar enemigos y recolectar elementos a lo largo de niveles diseñados con plataformas.
- Implementa mecánicas de salto, movimientos laterales, poderes especiales y diseña niveles desafiantes.

Solución:

Desarrollar un juego de plataformas inspirado en "Super Mario" implica varios pasos. Aquí tienes una guía general para crear tu propio "Super Mario Clone":

Pasos a seguir para crear un juego de Super Mario Clone

Paso 1: Planificación y Diseño del Juego

Conceptualización:
- Define la historia del juego y el objetivo del jugador.
- Diseña los personajes principales, enemigos y elementos del juego.

Diseño de Niveles:
- Planifica los niveles del juego con diferentes desafíos y obstáculos.
- Decide la progresión de dificultad a lo largo del juego.

Paso 2: Configuración del Entorno de Desarrollo

- Elige un motor de juego: Puedes utilizar motores como Unity, Godot, Pygame, o cualquier otro que te resulte cómodo.

Paso 3: Desarrollo de los Componentes Básicos

Creación de Personajes:
- Desarrolla el personaje principal con habilidades como correr, saltar y agacharse.
- Implementa la mecánica de vidas y puntos.

Diseño de Niveles:
- Crea los niveles del juego según tu diseño.
- Coloca plataformas, bloques, enemigos y elementos interactivos.

Paso 4: Mecánicas y Gameplay

Movimiento y Controles:
- Implementa controles para que el jugador se mueva, salte y realice acciones especiales.
- Añade mecánicas como correr, deslizarse y realizar ataques.

Colisiones y Físicas:
- Asegúrate de que el personaje y los objetos interactúen correctamente con las colisiones.
- Implementa mecánicas de salto y gravedad.

Enemigos y Obstáculos:
- Desarrolla diferentes tipos de enemigos con patrones de movimiento.
- Agrega obstáculos como pozos, picos y plataformas móviles.

Paso 5: Estética y Atmosfera

Gráficos y Diseño Visual:
- Crea o adquiere gráficos para los personajes, fondos y elementos del juego.
- Añade animaciones para movimientos y acciones.

Sonido y Música:
- Incorpora música de fondo y efectos de sonido que complementen la experiencia de juego.

Paso 6: Interactividad y Controles del Juego

- Controles del Jugador:
    - Configura controles intuitivos y responsivos para el jugador.

Paso 7: Pruebas y Ajustes

- Pruebas del Juego:
    - Realiza pruebas exhaustivas para identificar errores y áreas de mejora.
    - Ajusta la dificultad y la jugabilidad según los resultados de las pruebas.

Paso 8: Empaquetado y Distribución (Opcional)

- Empaqueta el juego:
    - Prepara tu juego para su distribución si deseas compartirlo.

Paso 9: Despliegue y Actualizaciones

- Lanzamiento del Juego:

- Publica el juego en la plataforma que elijas (Steam, App Store, Google Play, etc.).
- Proporciona actualizaciones para mejorar el juego según la retroalimentación de los jugadores.

Desarrollar un juego de plataformas como "Super Mario" puede ser desafiante pero gratificante. A medida que avanzas, puedes agregar características adicionales y niveles más complejos para mejorar la experiencia de juego. ¡Buena suerte con tu proyecto!

Aquí te proporciono un esquema básico para empezar el desarrollo:

```python
import pygame

# Inicialización de Pygame
pygame.init()

# Configuración de la pantalla
width, height = 800, 600
screen = pygame.display.set_mode((width, height))
pygame.display.set_caption("Super Mario Clone")

# Colores
WHITE = (255, 255, 255)
BLACK = (0, 0, 0)
RED = (255, 0, 0)
GREEN = (0, 255, 0)
BLUE = (0, 0, 255)

# Clase para el personaje
class Player(pygame.sprite.Sprite):
 def __init__(self):
 super().__init__()
```

```python
        self.image = pygame.Surface((40, 60))
        self.image.fill(RED)
        self.rect = self.image.get_rect()
        self.rect.x = 50
        self.rect.y = height - 100
        self.speed_x = 0
        self.speed_y = 0
        self.gravity = 1

    def update(self):
        self.speed_y += self.gravity
        self.rect.x += self.speed_x
        self.rect.y += self.speed_y

# Grupos de Sprites
all_sprites = pygame.sprite.Group()
player = Player()
all_sprites.add(player)

# Bucle Principal del Juego
running = True
while running:
    screen.fill(BLUE)

    for event in pygame.event.get():
        if event.type == pygame.QUIT:
            running = False
        elif event.type == pygame.KEYDOWN:
            if event.key == pygame.K_SPACE:
                player.speed_y = -15 # Simular salto al presionar
espacio

    keys = pygame.key.get_pressed()
    if keys[pygame.K_LEFT]:
        player.speed_x = -5
    elif keys[pygame.K_RIGHT]:
        player.speed_x = 5
    else:
```

```
        player.speed_x = 0

    all_sprites.update()
    all_sprites.draw(screen)

    pygame.display.flip()

pygame.quit()
```

Este es un comienzo básico para un juego de plataformas estilo "Super Mario". Aquí, el personaje puede moverse lateralmente y simular un salto con la tecla de espacio. Para crear un juego completo de plataformas al estilo "Super Mario", necesitarás agregar lógica para colisiones con plataformas, obstáculos, enemigos, recolección de elementos, niveles diseñados, entre muchas otras características. ¡Este código es solo un punto de partida para tu juego de plataformas en Pygame!

5. Juego de Carreras - "Racing Game"

- Desarrolla un juego de carreras en el que el jugador compite contra oponentes controlados por la IA o en modo multijugador.
- Crea diferentes pistas, vehículos con atributos únicos y mecanismos de física realista para la conducción.

Solución:

Pasos a seguir para un Juego de Carreras.

Paso 1: Planificación y Diseño del Juego

Conceptualización:
- Define el tipo de carreras (calle, pista, off-road) y el estilo del juego (realista, arcade).
- Diseña los diferentes vehículos, circuitos y entornos.

Diseño de Circuitos:
- Crea los circuitos y decide la variedad de pistas y entornos.

Paso 2: Configuración del Entorno de Desarrollo

- Elige una plataforma o motor de juego: Puedes usar Unity, Unreal Engine, Godot, o alguna otra herramienta de desarrollo de juegos.

Paso 3: Desarrollo de los Componentes Básicos

Creación de Vehículos:

- Desarrolla modelos 3D de los vehículos de carreras.
- Implementa la mecánica de conducción y física realista.

Diseño de Circuitos:
- Crea los circuitos y entornos de carrera según tu diseño.

Paso 4: Mecánicas y Gameplay

Mecánica de Carreras:
- Implementa la lógica de las carreras: aceleración, frenado, manejo y mecánicas de derrape.
- Agrega la IA para los oponentes controlados por la computadora.

Física de los Vehículos:
- Asegúrate de que los vehículos se comporten de manera realista con la física del mundo del juego.

Power-Ups y Objetos Interactivos:
- Añade elementos como power-ups, nitro, obstáculos y atajos para mejorar la experiencia de juego.

Paso 5: Estética y Atmosfera

Gráficos y Diseño Visual:
- Crea o adquiere gráficos para los vehículos, entornos y pistas.
- Implementa efectos visuales como partículas, efectos de iluminación y clima.

Sonido y Música:
- Incorpora sonidos realistas de motor, efectos de ambiente y música adecuada para las carreras.

Paso 6: Interactividad y Controles del Juego

- Controles de Conducción:
    - Configura controles de manejo intuitivos y receptivos para el jugador.

Paso 7: Pruebas y Ajustes

- Pruebas del Juego:
    - Realiza pruebas para detectar errores y mejorar la jugabilidad.
    - Ajusta la dificultad y el equilibrio del juego según los resultados de las pruebas.

Paso 8: Empaquetado y Distribución (Opcional)

- Empaquetado del Juego:
    - Prepara el juego para su distribución si planeas compartirlo.

Paso 9: Despliegue y Actualizaciones

- Lanzamiento del Juego:
    - Publica el juego en la plataforma de tu elección.
    - Proporciona actualizaciones para mejorar la experiencia de juego.

Crear un juego de carreras implica la implementación de física realista, mecánicas de manejo emocionantes y entornos visualmente atractivos. A medida que avanzas, podrías añadir características adicionales como personalización de vehículos, desafíos en línea, entre otros, para enriquecer la experiencia del jugador. ¡Éxito con tu proyecto!

Desarrollar un juego de carreras es un proyecto emocionante. Aquí hay un esquema básico en Pygame para comenzar:

```python
import pygame

# Inicialización de Pygame
pygame.init()

# Configuración de la pantalla
width, height = 800, 600
screen = pygame.display.set_mode((width, height))
pygame.display.set_caption("Racing Game")

# Colores
WHITE = (255, 255, 255)
BLACK = (0, 0, 0)
RED = (255, 0, 0)
GREEN = (0, 255, 0)
BLUE = (0, 0, 255)

# Clase para el vehículo del jugador
class PlayerCar(pygame.sprite.Sprite):
 def __init__(self):
 super().__init__()
 self.image = pygame.Surface((40, 60))
 self.image.fill(RED)
 self.rect = self.image.get_rect()
 self.rect.x = 50
 self.rect.y = height - 100
 self.speed = 0

 def update(self):
 self.rect.x += self.speed

# Grupo de Sprites para los vehículos
all_cars = pygame.sprite.Group()
```

```
player_car = PlayerCar()
all_cars.add(player_car)

# Bucle Principal del Juego
running = True
while running:
 screen.fill(BLUE)

 for event in pygame.event.get():
 if event.type == pygame.QUIT:
  running = False

 keys = pygame.key.get_pressed()
 if keys[pygame.K_LEFT]:
  player_car.speed = -5
 elif keys[pygame.K_RIGHT]:
 player_car.speed = 5
 else:
 player_car.speed = 0

 all_cars.update()
 all_cars.draw(screen)

 pygame.display.flip()

pygame.quit()
```

Este código presenta un escenario básico para un juego de carreras. Aquí, el jugador controla un vehículo que se mueve hacia la izquierda y la derecha con las teclas correspondientes. Para crear un juego completo de carreras, necesitarás implementar lógica para la pista, la IA de los oponentes, la física de la conducción, efectos visuales, entre otras características. Este es solo un punto de partida para tu juego de carreras en Pygame. ¡Te animo a seguir desarrollándolo!

6. Juego de Pong

Un juego clásico de dos jugadores donde cada uno controla una paleta y compiten por golpear una pelota. El objetivo es evitar que la pelota pase por el borde de la pantalla.

Para comenzar con el juego de Pong en Pygame, aquí tienes una estructura básica para crearlo:

1. Configuración Inicial

```
import pygame
import sys

# Inicializar Pygame
pygame.init()

# Dimensiones de la ventana
WIDTH, HEIGHT = 800, 600
WINDOW = pygame.display.set_mode((WIDTH, HEIGHT))
pygame.display.set_caption("Pong")

# Colores
BLACK = (0, 0, 0)
WHITE = (255, 255, 255)

# Velocidades iniciales de las paletas y la pelota
PADDLE_SPEED = 7
BALL_SPEED_X = 5
BALL_SPEED_Y = 5

# Posiciones iniciales de las paletas y la pelota
paddle1 = pygame.Rect(50, HEIGHT // 2 - 70, 10, 140)
paddle2 = pygame.Rect(WIDTH - 60, HEIGHT // 2 - 70,
10, 140)
```

```python
ball = pygame.Rect(WIDTH // 2 - 15, HEIGHT // 2 -
15, 30, 30)
ball_speed_x = BALL_SPEED_X
ball_speed_y = BALL_SPEED_Y

# Función para actualizar la pantalla
def redraw_window():
 WINDOW.fill(BLACK)
 pygame.draw.rect(WINDOW, WHITE, paddle1)
 pygame.draw.rect(WINDOW, WHITE, paddle2)
 pygame.draw.ellipse(WINDOW, WHITE, ball)
 pygame.display.update()

# Bucle principal del juego
def main():
 run = True
 clock = pygame.time.Clock()

 while run:
 clock.tick(60) # Controla la velocidad de
fotogramas

 for event in pygame.event.get():
 if event.type == pygame.QUIT:
  run = False
 pygame.quit()
 sys.exit()

 keys = pygame.key.get_pressed()
 # Control de la paleta del jugador 1 (W/S)
 if keys[pygame.K_w] and paddle1.y > 0:
  paddle1.y -= PADDLE_SPEED
 if keys[pygame.K_s] and paddle1.y < HEIGHT -
paddle1.height:
 paddle1.y += PADDLE_SPEED

 # Control de la paleta del jugador 2 (Arriba/Abajo)
 if keys[pygame.K_UP] and paddle2.y > 0:
```

```
    paddle2.y -= PADDLE_SPEED
  if keys[pygame.K_DOWN] and paddle2.y < HEIGHT -
paddle2.height:
    paddle2.y += PADDLE_SPEED

  # Mover la pelota
  ball.x += ball_speed_x
  ball.y += ball_speed_y

  # Colisiones con las paletas
  if ball.colliderect(paddle1) or
ball.colliderect(paddle2):
  ball_speed_x *= -1

  # Colisiones con los bordes superior e inferior
  if ball.top <= 0 or ball.bottom >= HEIGHT:
    ball_speed_y *= -1

  # Si la pelota sale por los bordes laterales
  if ball.left <= 0 or ball.right >= WIDTH:
    ball_speed_x *= -1

  redraw_window()

  pygame.quit()

if __name__ == "__main__":
  main()
```

Este código básico muestra dos paletas que pueden moverse con
las teclas W/S y las teclas Arriba/Abajo, y una pelota que rebota
en las paletas y los bordes de la ventana. Continúa agregando
lógica para el marcador, la lógica de colisiones más complejas o
efectos visuales para completar el juego. ¡Diviértete desarrollando
tu propio Pong!

7. Juego de Laberinto

Crea un laberinto generado aleatoriamente donde el jugador controla un personaje y debe llegar a un punto de salida evitando obstáculos y enemigos.

Solución:

Crear un juego de laberinto generado aleatoriamente es emocionante. Aquí te muestro un ejemplo básico para empezar con la creación de un laberinto usando Pygame:

```python
import pygame
import random

# Inicialización de Pygame
pygame.init()

# Dimensiones de la ventana
WIDTH, HEIGHT = 800, 600
window = pygame.display.set_mode((WIDTH, HEIGHT))
pygame.display.set_caption("Laberinto")

# Colores
BLACK = (0, 0, 0)
WHITE = (255, 255, 255)
GREEN = (0, 255, 0)

# Tamaño de las celdas del laberinto
CELL_SIZE = 20
ROWS = HEIGHT // CELL_SIZE
COLS = WIDTH // CELL_SIZE
```

```python
# Creación del laberinto
grid = [[0 for _ in range(COLS)] for _ in
range(ROWS)]

def create_maze():
 for row in range(ROWS):
 for col in range(COLS):
 if random.uniform(0, 1) < 0.3: # Determina la
densidad de las paredes
 grid[row][col] = 1

def draw_maze():
 for row in range(ROWS):
 for col in range(COLS):
 color = BLACK if grid[row][col] == 1 else WHITE
 pygame.draw.rect(window, color, (col * CELL_SIZE,
row * CELL_SIZE, CELL_SIZE, CELL_SIZE))

# Función principal del juego
def main():
 create_maze()
 run = True

 while run:
 for event in pygame.event.get():
 if event.type == pygame.QUIT:
  run = False

 window.fill(GREEN)
 draw_maze()
 pygame.display.update()

 pygame.quit()

if __name__ == "__main__":
 main()
```

Este código genera un laberinto simple utilizando una cuadrícula. Las celdas aleatoriamente se convierten en paredes, lo que crea un laberinto básico. Puedes seguir mejorando el código agregando funcionalidades como la creación de un jugador, movimiento, un punto de inicio y final, entre otros elementos para hacer un juego de laberinto completo. ¡Diviértete creando tu propio juego de laberinto!

8. Juego de Memoria

Un juego de cartas donde el jugador debe hacer coincidir pares de cartas volteándolas de a dos y recordando su ubicación.

Aquí tienes un ejemplo básico de un juego de memoria usando Pygame:

```
import pygame
import random

# Inicialización de Pygame
pygame.init()

# Dimensiones de la ventana
WIDTH, HEIGHT = 600, 400
window = pygame.display.set_mode((WIDTH, HEIGHT))
pygame.display.set_caption("Juego de Memoria")

# Colores
WHITE = (255, 255, 255)
BLACK = (0, 0, 0)
RED = (255, 0, 0)

# Cartas
cards = [i for i in range(1, 9)] * 2 # Crear un par
de cada número del 1 al 8
random.shuffle(cards)

# Coordenadas de las cartas
card_pos = [(x * 100 + 50, y * 100 + 50) for x in
range(4) for y in range(2)]
```

```python
# Estado de las cartas (0: boca abajo, 1: boca
arriba)
card_state = [0] * 16

# Función para dibujar las cartas
def draw_cards():
 font = pygame.font.Font(None, 36)
 for i in range(16):
 x, y = card_pos[i]
 if card_state[i] == 0:
 pygame.draw.rect(window, WHITE, (x - 40, y - 50,
80, 100))
 else:
 pygame.draw.rect(window, RED, (x - 40, y - 50, 80,
100))
 text = font.render(str(cards[i]), True, BLACK)
 window.blit(text, (x - 10, y - 10))

# Función principal del juego
def main():
 flipped = []
 run = True

 while run:
 for event in pygame.event.get():
 if event.type == pygame.QUIT:
 run = False
 elif event.type == pygame.MOUSEBUTTONDOWN:
 pos = pygame.mouse.get_pos()
 for i in range(16):
 x, y = card_pos[i]
 if x - 40 < pos[0] < x + 40 and y - 50 < pos[1] < y
+ 50 and card_state[i] == 0:
 card_state[i] = 1
 flipped.append(i)
 break
 if len(flipped) == 2:
 if cards[flipped[0]] != cards[flipped[1]]:
```

```python
        card_state[flipped[0]] = card_state[flipped[1]] = 0
        flipped = []

    window.fill(WHITE)
    draw_cards()
    pygame.display.update()

    pygame.quit()

if __name__ == "__main__":
    main()
```

Este código genera un juego básico de memoria con cartas numeradas del 1 al 8 que deben coincidir. Puedes seguir mejorando este código agregando funcionalidades como contadores, puntajes, efectos de sonido o más cartas para hacer un juego de memoria más completo y entretenido. ¡Disfruta desarrollando tu juego de memoria!

9. Juego de Snake

Un juego donde el jugador controla una serpiente que crece cada vez que come comida en pantalla. El objetivo es evitar colisionar con las paredes o con la propia cola de la serpiente.

Aquí tienes un ejemplo simple del clásico juego de Snake usando Pygame:

```
import pygame
import random

# Inicialización de Pygame
pygame.init()

# Dimensiones de la ventana
WIDTH, HEIGHT = 400, 400
window = pygame.display.set_mode((WIDTH, HEIGHT))
pygame.display.set_caption("Juego de Snake")

# Colores
WHITE = (255, 255, 255)
BLACK = (0, 0, 0)
RED = (255, 0, 0)
GREEN = (0, 255, 0)

# Tamaño de la serpiente y posición inicial
snake = [(200, 200)]
dx, dy = 0, 0
food = (random.randint(0, 39) * 10,
random.randint(0, 39) * 10)
```

```python
# Función para dibujar la serpiente y la comida
def draw_snake():
 for x, y in snake:
 pygame.draw.rect(window, GREEN, (x, y, 10, 10))
 pygame.draw.rect(window, RED, (food[0], food[1],
10, 10))

# Función principal del juego
def main():
 global food, dx, dy
 run = True
 clock = pygame.time.Clock()
 while run:
 for event in pygame.event.get():
 if event.type == pygame.QUIT:
 run = False
 elif event.type == pygame.KEYDOWN:
 if event.key == pygame.K_LEFT and dx != 10:
 dx, dy = -10, 0
 elif event.key == pygame.K_RIGHT and dx != -10:
 dx, dy = 10, 0
 elif event.key == pygame.K_UP and dy != 10:
 dx, dy = 0, -10
 elif event.key == pygame.K_DOWN and dy != -10:
 dx, dy = 0, 10

 # Movimiento de la serpiente
 snake.insert(0, (snake[0][0] + dx, snake[0][1] +
dy))
 if snake[0] == food:
 food = (random.randint(0, 39) * 10,
random.randint(0, 39) * 10)
 else:
 snake.pop()

 # Colisión con los bordes
```

```python
    if not (0 <= snake[0][0] < WIDTH and 0 <=
snake[0][1] < HEIGHT):
 run = False

    # Colisión con la cola
    for segment in snake[1:]:
    if snake[0] == segment:
    run = False

    window.fill(BLACK)
    draw_snake()
    pygame.display.update()
    clock.tick(10)

    pygame.quit()

if __name__ == "__main__":
 main()
```

¡Este código crea un juego simple de Snake! La serpiente se mueve con las teclas de flecha y crece cada vez que come la comida (el cuadrado rojo). Si la serpiente colisiona con las paredes o con su propio cuerpo, el juego termina. Puedes seguir mejorando este código añadiendo más características como puntajes, niveles de dificultad, efectos de sonido o mejoras visuales para hacer el juego más interesante. ¡Diviértete desarrollando tu propio juego de Snake!

10. Juego de Rompecabezas Deslizante

Crea un rompecabezas donde se muestra una imagen dividida en piezas y el jugador debe deslizar las piezas para recomponer la imagen original.

Aquí tienes un ejemplo básico de un juego de Rompecabezas Deslizante utilizando Pygame:

```python
import pygame
import random

# Inicialización de Pygame
pygame.init()

# Dimensiones de la ventana
WIDTH, HEIGHT = 300, 300
window = pygame.display.set_mode((WIDTH, HEIGHT))
pygame.display.set_caption("Juego de Rompecabezas")

# Colores
WHITE = (255, 255, 255)
BLACK = (0, 0, 0)

# Tamaño del rompecabezas (3x3)
TILE_SIZE = 100
grid = [[0, 1, 2],
  [3, 4, 5],
  [6, 7, 8]]

# Posición de la ficha vacía
empty_tile = [2, 2]
```

```python
# Función para dibujar el rompecabezas
def draw_puzzle():
 for y in range(3):
 for x in range(3):
 pygame.draw.rect(window, WHITE, (x * TILE_SIZE, y *
TILE_SIZE, TILE_SIZE, TILE_SIZE), 2)
 number = grid[y][x]
 if number != 8:
 font = pygame.font.Font(None, 36)
 text = font.render(str(number + 1), True, BLACK)
 window.blit(text, (x * TILE_SIZE + 40, y *
TILE_SIZE + 30))

# Función principal del juego
def main():
 global empty_tile
 run = True
 clock = pygame.time.Clock()
 while run:
 for event in pygame.event.get():
 if event.type == pygame.QUIT:
 run = False
 elif event.type == pygame.KEYDOWN:
 if event.key == pygame.K_LEFT and empty_tile[1] <
2:
 grid[empty_tile[0]][empty_tile[1]],
grid[empty_tile[0]][empty_tile[1] + 1] =
grid[empty_tile[0]][empty_tile[1] + 1],
grid[empty_tile[0]][empty_tile[1]]
 empty_tile[1] += 1
 elif event.key == pygame.K_RIGHT and empty_tile[1]
> 0:
 grid[empty_tile[0]][empty_tile[1]],
grid[empty_tile[0]][empty_tile[1] - 1] =
grid[empty_tile[0]][empty_tile[1] - 1],
grid[empty_tile[0]][empty_tile[1]]
 empty_tile[1] -= 1
```

```
    elif event.key == pygame.K_UP and empty_tile[0] <
2:
  grid[empty_tile[0]][empty_tile[1]],
grid[empty_tile[0] + 1][empty_tile[1]] =
grid[empty_tile[0] + 1][empty_tile[1]],
grid[empty_tile[0]][empty_tile[1]]
  empty_tile[0] += 1
  elif event.key == pygame.K_DOWN and empty_tile[0] >
0:
  grid[empty_tile[0]][empty_tile[1]],
grid[empty_tile[0] - 1][empty_tile[1]] =
grid[empty_tile[0] - 1][empty_tile[1]],
grid[empty_tile[0]][empty_tile[1]]
  empty_tile[0] -= 1

  window.fill(BLACK)
  draw_puzzle()
  pygame.display.update()
  clock.tick(30)

  pygame.quit()

if __name__ == "__main__":
  main()
```

Este código crea un juego simple de Rompecabezas Deslizante con un rompecabezas de 3x3. El jugador puede mover las fichas adyacentes a la ficha vacía utilizando las teclas de flecha para recomponer la imagen. Puedes personalizar el código para cambiar el tamaño del rompecabezas, cargar una imagen como fondo o añadir más funcionalidades para hacerlo más interesante. ¡Diviértete desarrollando tu propio juego de Rompecabezas Deslizante!

11. Juego de Laberinto.

Desarrolla un juego donde el jugador navega a través de un laberinto y debe alcanzar la salida evitando obstáculos y enemigos.

Solución:

Para crear un juego de laberinto en Pygame, necesitarás seguir algunos pasos:

Paso 1: Configuración inicial

- Importa las bibliotecas necesarias (Pygame).
- Configura la ventana del juego y define los colores, sprites, etc.

Paso 2: Creación del laberinto

- Define la estructura del laberinto, ya sea generándolo aleatoriamente o mediante un diseño predefinido.
- Crea un mapa que represente el laberinto (matriz o similar).

Paso 3: Dibuja el laberinto

- Utiliza los datos del mapa para dibujar el laberinto en la ventana del juego.
- Asigna diferentes colores o sprites para las paredes, el jugador, la salida y otros elementos.

Paso 4: Movimiento del jugador

- Implementa la lógica para permitir que el jugador se mueva por el laberinto utilizando las teclas de dirección o cualquier método de control elegido.

Paso 5: Colisiones y detección de salida

- Verifica las colisiones entre el jugador y las paredes para evitar que atravesarlas.
- Detecta cuando el jugador alcanza la salida y muestra un mensaje de victoria.

Paso 6: Enemigos u obstáculos

- Agrega enemigos o obstáculos que se muevan o actúen de manera predefinida dentro del laberinto.
- Implementa la lógica para que estos elementos afecten al jugador.

Paso 7: Interacción y puntajes

- Crea interacciones entre el jugador y los enemigos.
- Implementa un sistema de puntuación o tiempo para agregar desafío al juego.

Paso 8: Finalización del juego

- Define las condiciones de fin del juego, como perder vidas o completar niveles.
- Proporciona opciones para reiniciar o salir del juego.

Pygame ofrece funciones para dibujar, interactuar con el teclado y detectar colisiones, lo que facilita la creación de juegos de laberinto. A medida que avances en cada paso, podrás agregar más funcionalidades y detalles para mejorar la experiencia del juego.

Ten en cuenta que este código es un punto de partida, y podrás expandirlo añadiendo más funcionalidades y detalles según lo desees. Aquí tienes un ejemplo simple:

```python
import pygame
import random

# Inicialización de Pygame
pygame.init()

# Dimensiones de la ventana
width, height = 600, 400
win = pygame.display.set_mode((width, height))
pygame.display.set_caption("Laberinto")

# Definición de colores
WHITE = (255, 255, 255)
BLACK = (0, 0, 0)
RED = (255, 0, 0)

# Tamaño del laberinto y del bloque
block_size = 20
maze_width = width // block_size
maze_height = height // block_size

# Estructura del laberinto (matriz)
maze = [[0 for _ in range(maze_width)] for _ in
range(maze_height)]

# Generación del laberinto
def generate_maze():
 # Lógica de generación de laberinto (puedes
implementar tu propia lógica aquí)
 pass

# Dibujar el laberinto
def draw_maze():
 win.fill(BLACK)
 for y in range(maze_height):
 for x in range(maze_width):
 if maze[y][x] == 1:
```

```python
    pygame.draw.rect(win, WHITE, (x * block_size, y *
block_size, block_size, block_size))
    elif maze[y][x] == 2: # Punto de inicio (opcional)
    pygame.draw.rect(win, RED, (x * block_size, y *
block_size, block_size, block_size))

# Bucle principal del juego
running = True
while running:
 for event in pygame.event.get():
 if event.type == pygame.QUIT:
 running = False

 # Lógica del juego (movimiento del jugador,
colisiones, etc.)

 # Dibujo del laberinto
 draw_maze()

 pygame.display.update()

pygame.quit()
```

Este código proporciona un esqueleto básico para un juego de laberinto en Pygame. Para completar el juego, necesitarás implementar la generación del laberinto, la lógica de movimiento del jugador, detección de colisiones y más. ¡Diviértete expandiendo este código y creando tu propio juego de laberinto!

12. Juego de Cartas (Blackjack o Poker)

Crear un juego completo de Blackjack o Poker en Pygame es un proyecto ambicioso, pero aquí tienes un esquema básico para un juego de Blackjack que puedes expandir según tu gusto:

```python
import pygame
import random

# Inicialización de Pygame
pygame.init()

# Dimensiones de la ventana
width, height = 800, 600
win = pygame.display.set_mode((width, height))
pygame.display.set_caption("Blackjack")

# Definición de colores
WHITE = (255, 255, 255)
GREEN = (0, 128, 0)
RED = (255, 0, 0)
BLACK = (0, 0, 0)

# Font
font = pygame.font.SysFont(None, 36)

# Baraja de cartas
suits = ['Hearts', 'Diamonds', 'Clubs', 'Spades']
ranks = ['2', '3', '4', '5', '6', '7', '8', '9',
'10', 'J', 'Q', 'K', 'A']

# Función para crear una baraja
def create_deck():
 deck = []
 for suit in suits:
  for rank in ranks:
```

```python
    deck.append((rank, suit))
  random.shuffle(deck)
  return deck

# Función para dibujar cartas
def draw_card(card, x, y):
  card_img =
pygame.image.load(f'images/{card[1]}_{card[0]}.png')
# Reemplaza con tus propias imágenes de cartas
  card_img = pygame.transform.scale(card_img, (100,
150)) # Ajusta el tamaño de la carta
  win.blit(card_img, (x, y))

# Función para dibujar la mano del jugador o la
computadora
def draw_hand(hand, x, y):
    for i, card in enumerate(hand):
      draw_card(card, x + i * 120, y)

# Juego principal
def blackjack():
  running = True
  deck = create_deck()
  player_hand = [deck.pop(), deck.pop()]
  dealer_hand = [deck.pop(), deck.pop()]

  while running:
  for event in pygame.event.get():
    if event.type == pygame.QUIT:
      running = False

  # Lógica del juego (puedes implementar la lógica
del Blackjack aquí)

  win.fill(GREEN)
  draw_hand(player_hand, 100, 400)
  draw_hand(dealer_hand, 100, 100)
```

```
    pygame.display.update()

    pygame.quit()

# Iniciar el juego
blackjack()
```

Este es un esquema básico para comenzar un juego de Blackjack
en Pygame. Necesitarás añadir la lógica del juego, la interacción
del jugador, el manejo de apuestas y más para completar el juego.
¡Asegúrate de tener las imágenes de las cartas disponibles y
personaliza el juego según tus preferencias!

13. Juego de Aventura Gráfica.

Desarrolla una aventura gráfica donde el jugador toma decisiones que afectan la historia y el resultado del juego.

Solución:

Aquí hay un esquema básico para comenzar un juego de aventura gráfica en Pygame. Este es solo un marco de trabajo y puedes expandirlo agregando elementos visuales, opciones de historia, diálogos y más detalles según tus ideas y preferencias.

```python
import pygame

# Inicialización de Pygame
pygame.init()

# Dimensiones de la ventana
width, height = 800, 600
win = pygame.display.set_mode((width, height))
pygame.display.set_caption("Aventura Gráfica")

# Definición de colores
WHITE = (255, 255, 255)
BLACK = (0, 0, 0)

# Font
font = pygame.font.SysFont(None, 36)
```

```
# Personaje del jugador
player_img = pygame.image.load('images/player.png')
# Reemplaza con tu imagen de jugador
player_img = pygame.transform.scale(player_img, (50,
50)) # Ajusta el tamaño del jugador
player_x, player_y = 50, 50
player_speed = 5

# Objetos interactivos o escenarios
object_img = pygame.image.load('images/object.png')
# Reemplaza con tus imágenes de objetos
object_img = pygame.transform.scale(object_img,
(100, 100)) # Ajusta el tamaño del objeto
object_x, object_y = 300, 300

# Juego principal
def adventure_game():
 running = True
 while running:
 for event in pygame.event.get():
  if event.type == pygame.QUIT:
   running = False

 keys = pygame.key.get_pressed()
 if keys[pygame.K_LEFT]:
 player_x -= player_speed
 if keys[pygame.K_RIGHT]:
 player_x += player_speed
 if keys[pygame.K_UP]:
 player_y -= player_speed
 if keys[pygame.K_DOWN]:
 player_y += player_speed

 # Lógica de interacción con objetos, diálogos, toma
de decisiones, etc.

 win.fill(WHITE)
 win.blit(player_img, (player_x, player_y))
```

```
win.blit(object_img, (object_x, object_y))

pygame.display.update()

pygame.quit()

# Iniciar el juego
adventure_game()
```

Este es un esquema básico de un juego de aventura gráfica en
Pygame. Puedes expandirlo agregando más elementos visuales,
controles de interacción con los objetos, diálogos, opciones de
historia y cualquier otro elemento que desees para crear tu
aventura interactiva. Asegúrate de tener las imágenes adecuadas
y personaliza el juego según tus ideas creativas.

14. Juego de Defensa de Torre.

Implementa un juego donde el jugador coloca torres estratégicamente para defenderse de oleadas de enemigos.

Aquí tienes un esquema básico para un juego de defensa de torre en Pygame:

```python
import pygame
import random

# Inicialización de Pygame
pygame.init()

# Dimensiones de la ventana
width, height = 800, 600
win = pygame.display.set_mode((width, height))
pygame.display.set_caption("Juego de Defensa de
Torre")

# Definición de colores
WHITE = (255, 255, 255)
BLACK = (0, 0, 0)
RED = (255, 0, 0)
GREEN = (0, 255, 0)

# Font
font = pygame.font.SysFont(None, 36)

# Torres
```

```python
tower_img = pygame.image.load('images/tower.png') #
Reemplaza con tu imagen de torre
tower_img = pygame.transform.scale(tower_img, (50,
50)) # Ajusta el tamaño de la torre

# Enemigos
enemy_img = pygame.image.load('images/enemy.png') #
Reemplaza con tu imagen de enemigo
enemy_img = pygame.transform.scale(enemy_img, (50,
50)) # Ajusta el tamaño del enemigo
enemies = []

# Jugador
player_img = pygame.image.load('images/player.png')
# Reemplaza con tu imagen de jugador
player_img = pygame.transform.scale(player_img, (50,
50)) # Ajusta el tamaño del jugador
player_x, player_y = 50, 50

# Juego principal
def tower_defense_game():
 running = True
 clock = pygame.time.Clock()
 spawn_timer = 0

 while running:
 clock.tick(60)
 spawn_timer += 1

 for event in pygame.event.get():
 if event.type == pygame.QUIT:
 running = False

 if event.type == pygame.MOUSEBUTTONDOWN:
 if event.button == 1: # Botón izquierdo del ratón
para colocar torres
 pos = pygame.mouse.get_pos()
 enemies.append(list(pos))
```

```python
    if spawn_timer == 60: # Generar enemigos cada
segundo
    spawn_timer = 0
    for enemy in enemies:
    enemy[0] += 1 # Movimiento de los enemigos

    win.fill(WHITE)
    win.blit(player_img, (player_x, player_y))

    for enemy in enemies:
    win.blit(enemy_img, enemy)

    for tower in enemies:
    win.blit(tower_img, tower)

    pygame.display.update()

    pygame.quit()

# Iniciar el juego
tower_defense_game()
```

Este es solo un esquema básico de un juego de defensa de torre en Pygame. Puedes expandirlo agregando funcionalidades como la interacción entre torres y enemigos, la implementación de puntos y vidas, mejoras en las torres, diferentes tipos de enemigos, entre otros elementos para hacer el juego más desafiante y entretenido. Asegúrate de tener las imágenes adecuadas y personaliza el juego según tus ideas creativas.

15.Juego de Plataformas 2D.

Crea un juego de plataformas en dos dimensiones donde el jugador controla un personaje que debe saltar y esquivar obstáculos para alcanzar el objetivo.

Solución:

Aquí tienes un esquema básico para un juego de plataformas en Pygame:

```
import pygame

# Inicialización de Pygame
pygame.init()

# Dimensiones de la ventana
width, height = 800, 600
win = pygame.display.set_mode((width, height))
pygame.display.set_caption("Juego de Plataformas
2D")

# Definición de colores
WHITE = (255, 255, 255)
BLACK = (0, 0, 0)
RED = (255, 0, 0)
GREEN = (0, 255, 0)

# Font
font = pygame.font.SysFont(None, 36)

# Jugador
```

```python
player_img = pygame.Surface((30, 30)) # Reemplaza
con tu imagen de jugador
player_img.fill(RED)
player_rect = player_img.get_rect()
player_rect.center = (width // 2, height // 2)
player_speed = 5
jumping = False
jump_count = 10

# Plataformas
platforms = [
 pygame.Rect(100, height - 40, 200, 20),
 pygame.Rect(400, height - 120, 200, 20),
 pygame.Rect(200, height - 220, 200, 20)
]

# Gravedad
gravity = 0.5
fall = 0

# Juego principal
def platformer_game():
 running = True
 clock = pygame.time.Clock()

 while running:
 clock.tick(60)

 for event in pygame.event.get():
 if event.type == pygame.QUIT:
 running = False

 keys = pygame.key.get_pressed()
 if keys[pygame.K_LEFT]:
 player_rect.x -= player_speed
 if keys[pygame.K_RIGHT]:
 player_rect.x += player_speed
```

```
# Salto del jugador
if not jumping:
if keys[pygame.K_SPACE]:
jumping = True
else:
if jump_count >= -10:
neg = 1
if jump_count < 0:
neg = -1
player_rect.y -= (jump_count ** 2) * 0.5 * neg
jump_count -= 1
else:
jumping = False
jump_count = 10

# Aplicar gravedad
player_rect.y += fall
fall += gravity

# Colisión con plataformas
for platform in platforms:
if player_rect.colliderect(platform):
if fall > 0:
player_rect.bottom = platform.top
fall = 0
elif fall < 0:
player_rect.top = platform.bottom
fall = 0

# Limitar movimiento del jugador
if player_rect.left < 0:
player_rect.left = 0
elif player_rect.right > width:
player_rect.right = width

# Dibujar elementos en pantalla
win.fill(WHITE)
for platform in platforms:
```

```
        pygame.draw.rect(win, BLACK, platform)
        win.blit(player_img, player_rect)

        pygame.display.update()

    pygame.quit()

# Iniciar el juego
platformer_game()
```

Este código proporciona un marco básico para un juego de plataformas en Pygame. Puedes expandirlo agregando más funcionalidades como enemigos, recolección de objetos, niveles adicionales y cualquier característica que desees para hacer el juego más interesante y desafiante. Asegúrate de personalizar las imágenes y ajustar los parámetros para adaptar el juego a tus ideas creativas.

16. Juego de Naves Espaciales.

Desarrolla un juego donde el jugador controla una nave espacial y debe esquivar asteroides y disparar a enemigos.

Solución:

Para crear un juego de naves espaciales en Pygame, puedes seguir estos pasos:

Pasos generales:

Configuración inicial:
- Instala Pygame si aún no lo has hecho.
- Crea un nuevo proyecto o archivo para tu juego.

Diseño de la nave espacial:
- Crea el sprite de la nave espacial y de los asteroides/enemigos si es necesario.
- Define los movimientos de la nave (izquierda, derecha, arriba, abajo) y los límites de la pantalla.

Diseño de los enemigos:
- Crea sprites para los asteroides u otros enemigos.
- Haz que los enemigos aparezcan en posiciones aleatorias y se muevan hacia abajo para simular un avance.

Implementación de controles:
- Controla la nave con el teclado (usando las teclas de flecha o WASD).
- Implementa disparos de la nave para destruir enemigos.

Detección de colisiones:

- Programa la detección de colisiones entre la nave y los enemigos/asteroides.
- Define lo que sucede cuando ocurre una colisión (puede ser el fin del juego o reducción de la salud).

Puntuación y niveles:
- Implementa un sistema de puntuación para registrar el puntaje del jugador.
- Considera aumentar la dificultad con cada nivel, como incrementar la velocidad de los enemigos.

Gráficos y sonido:
- Añade gráficos y efectos de sonido para mejorar la experiencia del juego.
- Esto incluye efectos de explosión, disparos y música de fondo.

Menús y pantallas:
- Crea pantallas de inicio, fin del juego y cualquier otro menú necesario.

Ejemplo de código básico:

Este es un ejemplo simple para comenzar con la inicialización de Pygame:

```
import pygame
import sys

# Inicialización de Pygame
pygame.init()

# Configuración de la pantalla
screen = pygame.display.set_mode((800, 600))
pygame.display.set_caption('Juego de Naves')

# Bucle principal del juego
running = True
while running:
 for event in pygame.event.get():
 if event.type == pygame.QUIT:
```

```
    running = False

    # Actualizar la pantalla
    pygame.display.flip()

# Salir del juego
pygame.quit()
sys.exit()
```

Este código crea una ventana de Pygame básica. A partir de aquí, puedes agregar la lógica de tu juego, como la nave espacial, los enemigos, los disparos y las colisiones.

¡Anímate a experimentar y construir tu propio juego de naves espaciales con Pygame!

18.Juego de Carreras de Obstáculos.

Diseña un juego de carreras en el que el jugador debe superar obstáculos y llegar a la meta lo más rápido posible.

Solución:

Aquí tienes un plan general para crear un juego de carreras de obstáculos en Pygame:

Pasos para el juego de carreras de obstáculos:

Configuración inicial:
- Instala Pygame si aún no lo has hecho.
- Crea un nuevo proyecto o archivo para tu juego.

Diseño del entorno:
- Crea el fondo y los obstáculos para el entorno de la pista de carreras.
- Define una pista con límites claros y visibles.

Creación del jugador:
- Diseña el sprite del jugador (por ejemplo, un coche, una bicicleta).
- Implementa el movimiento del jugador hacia arriba, abajo, izquierda y derecha.

Lógica del juego:
- Establece la mecánica del juego para evitar los obstáculos mientras avanzas por la pista.
- Programa la detección de colisiones entre el jugador y los obstáculos.

- Implementa un sistema de puntuación basado en el tiempo o la distancia recorrida.

Niveles de dificultad:

- Incrementa la velocidad del jugador u obstáculos para aumentar la dificultad a medida que el jugador avanza.

Gráficos y sonido:

- Agrega efectos visuales para colisiones, efectos de sonido para el movimiento y la interacción del jugador.

Pantallas y menús:

- Crea pantallas de inicio, fin del juego y cualquier otro menú necesario.

Ejemplo de código básico:

```python
import pygame
import sys

# Inicialización de Pygame
pygame.init()

# Configuración de la pantalla
screen = pygame.display.set_mode((800, 600))
pygame.display.set_caption('Juego de Carreras')

# Bucle principal del juego
running = True
while running:
 for event in pygame.event.get():
 if event.type == pygame.QUIT:
 running = False

 # Actualizar la pantalla
 pygame.display.flip()

# Salir del juego
pygame.quit()
sys.exit()
```

Este código establece una ventana básica de Pygame. A partir de aquí, puedes agregar la lógica del juego, el movimiento del jugador, los obstáculos y la lógica de colisiones para crear tu propio juego de carreras de obstáculos en Pygame. ¡Diviértete creando tu juego!

19. Juego de Carreras de Bicicletas.

Descripción: Un juego de carreras de bicicletas donde el jugador compite contra oponentes en pistas diversas.

Desarrollo: Diseña pistas con obstáculos, implementa diferentes tipos de bicicletas y agrega power-ups para mejorar la experiencia de carrera.

Solución:

Para estructurar el código de un juego de carreras de bicicletas en Pygame, puedes seguir una organización que permita manejar eficientemente las diferentes partes del juego. Aquí hay una estructura general que podrías considerar:

1. Inicialización del juego:

- Configuración de Pygame (ventana, tamaño, etc.).
- Carga de recursos (imágenes, sonidos, etc.).
- Creación de objetos del juego (jugador, pistas, obstáculos, power-ups, oponentes, etc.).

2. Bucle principal del juego:

- El bucle principal donde ocurre la lógica del juego.

- Manejo de eventos del teclado o controlador para mover al jugador o realizar acciones.

- Actualización de la lógica del juego (movimiento, colisiones, puntuaciones, etc.).

- Dibujado de los elementos en la pantalla.

3. Clases y módulos:

- Usa clases para representar objetos del juego (bicicletas, pistas, obstáculos, etc.).

- Separa funcionalidades específicas en módulos para una mejor organización (por ejemplo, un módulo para el manejo de colisiones, otro para la lógica de puntuación, etc.).

4. Gestión de pantallas y niveles:

- Implementa diferentes pantallas (menú principal, selección de nivel, pantalla de juego, pantalla de puntuaciones, etc.).

- Gestiona la transición entre diferentes niveles o escenarios del juego.

5. Gestión de eventos y controles:

- Maneja los eventos del teclado o controlador para controlar la bicicleta del jugador.

- Considera implementar controles para opciones como acelerar, frenar, girar, usar power-ups, etc.

6. Manejo de colisiones:

- Implementa la lógica para detectar colisiones entre la bicicleta del jugador, los obstáculos y otros elementos del juego.

7. Puntuaciones y progresión:

- Lleva un seguimiento de las puntuaciones, la posición del jugador en la carrera, el tiempo transcurrido, etc.
- Implementa una lógica para avanzar o retroceder niveles según el desempeño del jugador.

8. Finalización y reinicio del juego:

- Gestiona la finalización del juego (cuando el jugador gana o pierde).
- Ofrece la opción de reiniciar el juego o volver al menú principal.

9. Comentarios y documentación:

- Añade comentarios en el código para explicar partes complejas o poco claras.

- Documenta el código según sea necesario para futuras referencias.

10. Pruebas y ajustes:

- Realiza pruebas continuas para verificar que todas las funcionalidades funcionen correctamente.
- Ajusta la dificultad, la velocidad, la cantidad de oponentes, etc., para lograr un equilibrio en la jugabilidad.

Esta es una estructura general; puedes ajustarla según las necesidades específicas del juego y la forma en que prefieras organizar tu código.

Ejemplo de Código:

Para un juego completo de carreras de bicicletas en Pygame, el código es bastante extenso. Aquí hay un ejemplo simplificado que incluye la configuración básica y el bucle principal del juego:

```
import pygame
import random

# Inicialización de Pygame
```

```python
pygame.init()

# Configuración de la pantalla
WIDTH, HEIGHT = 800, 600
screen = pygame.display.set_mode((WIDTH, HEIGHT))
pygame.display.set_caption("Juego de Carreras de
Bicicletas")

# Colores
WHITE = (255, 255, 255)
RED = (255, 0, 0)

# Jugador
player_width, player_height = 50, 80
player_x = WIDTH // 2 - player_width // 2
player_y = HEIGHT - player_height - 10
player_speed = 5

# Bucle principal del juego
running = True
while running:
 screen.fill(WHITE)

 # Eventos del teclado y controles
 for event in pygame.event.get():
 if event.type == pygame.QUIT:
 running = False

 keys = pygame.key.get_pressed()
 if keys[pygame.K_LEFT]:
 player_x -= player_speed
 if keys[pygame.K_RIGHT]:
 player_x += player_speed

 # Límites de la pantalla para el jugador
 if player_x < 0:
 player_x = 0
 elif player_x > WIDTH - player_width:
```

```
player_x = WIDTH - player_width

# Dibujado del jugador
pygame.draw.rect(screen, RED, (player_x, player_y,
player_width, player_height))

pygame.display.flip()

pygame.quit()
```

Este código crea una ventana básica de Pygame donde se puede mover un jugador (representado por un rectángulo rojo) hacia la izquierda y la derecha con las teclas de flecha. Es un punto de partida para un juego de carreras de bicicletas, pero necesitarás agregar más funcionalidades como obstáculos, pistas, oponentes, puntuación, etc. para hacerlo más completo.

Recuerda que este código es un ejemplo básico y podrías expandirlo agregando elementos gráficos, detección de colisiones, múltiples niveles, entre otras características para hacerlo un juego más completo y entretenido.

20. Juego Clásico de Pong (2)

Crea un Juego Clásico de Pong con 2 jugadores.

Solución:

Aquí tienes un juego clásico de Pong:

```
import pygame

# Inicialización de Pygame
pygame.init()

# Configuración de la pantalla
WIDTH, HEIGHT = 800, 600
screen = pygame.display.set_mode((WIDTH, HEIGHT))
pygame.display.set_caption("Pong Game")

# Colores
WHITE = (255, 255, 255)
BLACK = (0, 0, 0)

# Paletas y pelota
player_paddle = pygame.Rect(50, HEIGHT // 2 - 60,
10, 120)
opponent_paddle = pygame.Rect(WIDTH - 60, HEIGHT //
2 - 60, 10, 120)
ball = pygame.Rect(WIDTH // 2 - 15, HEIGHT // 2 -
15, 30, 30)
ball_speed_x = 7
```

```
ball_speed_y = 7
player_speed = 0
opponent_speed = 7

# Reloj y puntaje
clock = pygame.time.Clock()
player_score = 0
opponent_score = 0
font = pygame.font.Font(None, 60)

# Bucle principal del juego
running = True
while running:
 for event in pygame.event.get():
 if event.type == pygame.QUIT:
 running = False
 if event.type == pygame.KEYDOWN:
 if event.key == pygame.K_UP:
 player_speed = -7
 if event.key == pygame.K_DOWN:
 player_speed = 7
 if event.type == pygame.KEYUP:
 if event.key == pygame.K_UP or event.key ==
pygame.K_DOWN:
 player_speed = 0

 player_paddle.y += player_speed

 if player_paddle.top <= 0:
 player_paddle.top = 0
 if player_paddle.bottom >= HEIGHT:
 player_paddle.bottom = HEIGHT

 opponent_paddle.y += opponent_speed

 if opponent_paddle.top <= 0:
 opponent_paddle.top = 0
 if opponent_paddle.bottom >= HEIGHT:
```

```python
    opponent_paddle.bottom = HEIGHT

 ball.x += ball_speed_x
 ball.y += ball_speed_y

 if ball.top <= 0 or ball.bottom >= HEIGHT:
 ball_speed_y *= -1

 if ball.colliderect(player_paddle) or
ball.colliderect(opponent_paddle):
 ball_speed_x *= -1

 if ball.left <= 0:
 opponent_score += 1
 ball.center = (WIDTH // 2, HEIGHT // 2)

 if ball.right >= WIDTH:
 player_score += 1
 ball.center = (WIDTH // 2, HEIGHT // 2)

 screen.fill(BLACK)
 pygame.draw.rect(screen, WHITE, player_paddle)
 pygame.draw.rect(screen, WHITE, opponent_paddle)
 pygame.draw.ellipse(screen, WHITE, ball)

 player_text = font.render(str(player_score), True,
WHITE)
 screen.blit(player_text, (WIDTH // 4, 50))
 opponent_text = font.render(str(opponent_score),
True, WHITE)
 screen.blit(opponent_text, (WIDTH // 4 * 3 - 50,
50))

 pygame.draw.aaline(screen, WHITE, (WIDTH // 2, 0),
(WIDTH // 2, HEIGHT))

 pygame.display.update()
 clock.tick(60)
```

```
pygame.quit()
```

Este código implementa un juego de Pong básico, donde el jugador controla una paleta y debe golpear la pelota para evitar que pase por el borde. Puedes mover tu paleta hacia arriba y hacia abajo con las teclas de flecha. El oponente se mueve automáticamente para intentar golpear la pelota.

21. Juego de la Vida.

Para hacerlo, necesitarás representar la cuadrícula y sus células, aplicar reglas para la evolución de las células en cada turno y mostrar la actualización en pantalla. Aquí hay una descripción general de cómo podrías hacerlo:

- Representación de la Cuadrícula: Usa una matriz para representar el tablero del juego. Cada celda puede ser un píxel o un rectángulo en la pantalla, dependiendo de la resolución que desees.
- Reglas del Juego: Implementa las reglas del "Juego de la Vida". Las células viven, mueren o se reproducen basadas en el número de células vecinas vivas.
- Interfaz Gráfica: Usa Pygame para mostrar la cuadrícula en la pantalla y actualiza el estado de las células en cada turno.
- Iteración: Realiza iteraciones (turnos) en las que se aplican las reglas del juego y se actualiza el estado de las células.
- Visualización: Muestra la cuadrícula actualizada en pantalla y permite que el usuario vea la evolución del "Juego de la Vida".

Es un proyecto interesante y visualmente atractivo para implementar con Pygame. Te permite explorar la dinámica de sistemas complejos y cómo pequeñas reglas locales pueden conducir a patrones complejos y dinámicos en un sistema global.

Ejemplo Básico.

Aquí tienes un ejemplo básico de cómo podrías implementar el "Juego de la Vida" utilizando Pygame:

Solución:

```python
import pygame
import numpy as np

# Inicialización de Pygame
pygame.init()

# Dimensiones de la ventana
width, height = 500, 500
screen = pygame.display.set_mode((width, height))

# Color de fondo y de las células
bg_color = (255, 255, 255)
cell_color = (0, 0, 0)

# Tamaño de la cuadrícula y tamaño de las células
nxC, nyC = 50, 50
dimCW = width / nxC
dimCH = height / nyC
```

```python
# Estado de las células (matriz)
gameState = np.zeros((nxC, nyC))


# Ciclo de ejecución
running = True
pauseExect = False


while running:
 newGameState = np.copy(gameState)
 screen.fill(bg_color)
 ev = pygame.event.get()


 for event in ev:
 if event.type == pygame.KEYDOWN:
 pauseExect = not pauseExect


 mouseClick = pygame.mouse.get_pressed()
 if sum(mouseClick) > 0:
 posX, posY = pygame.mouse.get_pos()
 cellX, cellY = int(np.floor(posX / dimCW)),
int(np.floor(posY / dimCH))
 newGameState[cellX, cellY] = not mouseClick[2]


 for y in range(0, nxC):
 for x in range(0, nyC):
 if not pauseExect:
```

```python
    n_neigh = gameState[(x - 1) % nxC, (y - 1) % nyC] + \
    gameState[(x) % nxC, (y - 1) % nyC] + \
    gameState[(x + 1) % nxC, (y - 1) % nyC] + \
    gameState[(x - 1) % nxC, (y) % nyC] + \
    gameState[(x + 1) % nxC, (y) % nyC] + \
    gameState[(x - 1) % nxC, (y + 1) % nyC] + \
    gameState[(x) % nxC, (y + 1) % nyC] + \
    gameState[(x + 1) % nxC, (y + 1) % nyC]

    # Reglas del juego
    if gameState[x, y] == 0 and n_neigh == 3:
    newGameState[x, y] = 1
    elif gameState[x, y] == 1 and (n_neigh < 2 or
n_neigh > 3):
    newGameState[x, y] = 0

    # Polígonos para cada celda viva
    poly = [(x * dimCW, y * dimCH),
    ((x + 1) * dimCW, y * dimCH),
    ((x + 1) * dimCW, (y + 1) * dimCH),
    (x * dimCW, (y + 1) * dimCH)]

    if newGameState[x, y] == 0:
    pygame.draw.polygon(screen, bg_color, poly, 1)
    else:
```

```
pygame.draw.polygon(screen, cell_color, poly, 0)

# Actualización del estado del juego
gameState = np.copy(newGameState)

# Actualización de la pantalla
pygame.display.flip()

pygame.quit()
```

Este código implementa una versión muy básica del "Juego de la Vida" usando Pygame. Recuerda que puedes ajustar las dimensiones de la ventana, la velocidad de ejecución y añadir más características según tu preferencia.

22. Juego de la Vida con representación Visual

Solución:

```python
import pygame

import numpy as np

import time


# Dimensiones de la ventana

width, height = 1000, 1000

size = (width, height)

screen = pygame.display.set_mode(size)


# Tamaño de la cuadrícula y tamaño de las células

nxC, nyC = 50, 50

dimCW = width / nxC

dimCH = height / nyC
```

```python
# Estado de las células (matriz)

gameState = np.zeros((nxC, nyC))


# Estado inicial aleatorio

gameState = np.random.randint(0, 2, (nxC, nyC))


# Ciclo de ejecución

running = True

while running:

    newGameState = np.copy(gameState)

    screen.fill((128, 128, 128))

    time.sleep(0.1)


    for y in range(0, nxC):

        for x in range(0, nyC):
```

```
            n_neigh = gameState[(x - 1) % nxC, (y -
1) % nyC] + \

                    gameState[(x)      % nxC, (y -
1) % nyC] + \

                    gameState[(x + 1) % nxC, (y -
1) % nyC] + \

                    gameState[(x - 1) % nxC, (y)
% nyC] + \

                    gameState[(x + 1) % nxC, (y)
% nyC] + \

                    gameState[(x - 1) % nxC, (y +
1) % nyC] + \

                    gameState[(x)      % nxC, (y +
1) % nyC] + \

                    gameState[(x + 1) % nxC, (y +
1) % nyC]


        # Reglas del juego

        if gameState[x, y] == 0 and n_neigh ==
3:

            newGameState[x, y] = 1

        elif gameState[x, y] == 1 and (n_neigh <
2 or n_neigh > 3):

            newGameState[x, y] = 0
```

```python
        # Representación de las células

        poly = [((x)    * dimCW, y * dimCH),

                ((x+1) * dimCW, y * dimCH),

                ((x+1) * dimCW, (y+1) * dimCH),

                ((x)    * dimCW, (y+1) * dimCH)]


        if newGameState[x, y] == 0:

            pygame.draw.polygon(screen, (255,
255, 255), poly, 1)

        else:

            pygame.draw.polygon(screen, (0, 0,
0), poly, 0)


    # Actualización del estado del juego

    gameState = np.copy(newGameState)


    # Actualización de la pantalla

    pygame.display.flip()
```

```
    for event in pygame.event.get():

        if event.type == pygame.QUIT:

            running = False


pygame.quit()
```

23. Juego de Personaje en Pantalla.

Realiza un personaje representapor un círculo que se mueva en la pantalla.

Solución:

```
import pygame

import sys


# Inicialización de Pygame

pygame.init()


# Dimensiones de la ventana

width, height = 500, 500

screen = pygame.display.set_mode((width, height))

pygame.display.set_caption("Simple Game")


# Color de fondo y color del personaje
```

```python
bg_color = (255, 255, 255)

character_color = (0, 0, 255)


# Posición y tamaño del personaje

character_radius = 20

character_x, character_y = width // 2, height // 2

character_speed = 5


# Ciclo de ejecución

running = True


while running:

    for event in pygame.event.get():

        if event.type == pygame.QUIT:

            running = False


    keys = pygame.key.get_pressed()

    if keys[pygame.K_LEFT] and character_x -
character_speed > 0:
```

```python
        character_x -= character_speed

    if keys[pygame.K_RIGHT] and character_x +
character_speed < width:

        character_x += character_speed

    if keys[pygame.K_UP] and character_y -
character_speed > 0:

        character_y -= character_speed

    if keys[pygame.K_DOWN] and character_y +
character_speed < height:

        character_y += character_speed


    # Actualización de la pantalla

    screen.fill(bg_color)

    pygame.draw.circle(screen, character_color,
(character_x, character_y), character_radius)

    pygame.display.flip()


# Finalización de Pygame

pygame.quit()

sys.exit()
```

En este ejemplo, puedes mover al personaje hacia arriba, abajo, izquierda o derecha utilizando las teclas de flecha. Recuerda que este es un juego muy básico, y puedes expandirlo añadiendo más funcionalidades según tus preferencias.

24. Juego de Space Invaders 2.

Realiza un juego de "Space Invaders" sencillo usando Pygame.

Solución:

```
import pygame

import sys

import random


# Inicializar Pygame

pygame.init()


# Configuración de la pantalla

WIDTH, HEIGHT = 800, 600

FPS = 60

BLACK = (0, 0, 0)

WHITE = (255, 255, 255)
```

```python
# Configuración de la nave

player_width, player_height = 50, 50

player_x = WIDTH // 2 - player_width // 2

player_y = HEIGHT - player_height * 2

player_speed = 5


# Configuración de los invasores

enemy_width, enemy_height = 50, 50

enemy_speed = 2

enemies = []

for i in range(5):

    enemy = pygame.Rect(random.randint(0, WIDTH -
enemy_width), random.randint(0, HEIGHT // 2),
enemy_width, enemy_height)

    enemies.append(enemy)


# Configuración de la ventana

screen = pygame.display.set_mode((WIDTH, HEIGHT))

pygame.display.set_caption("Space Invaders")

clock = pygame.time.Clock()
```

```python
# Bucle principal del juego

running = True

while running:

    clock.tick(FPS)

    screen.fill(BLACK)


    # Manejo de eventos

    for event in pygame.event.get():

        if event.type == pygame.QUIT:

            running = False


    # Mover al jugador

    keys = pygame.key.get_pressed()

    if keys[pygame.K_LEFT] and player_x -
player_speed > 0:

        player_x -= player_speed

    if keys[pygame.K_RIGHT] and player_x +
player_speed < WIDTH - player_width:

        player_x += player_speed
```

```python
    # Mover a los invasores

    for enemy in enemies:

        enemy.x += enemy_speed

        if enemy.x + enemy_width > WIDTH or enemy.x
< 0:

            enemy_speed *= -1

            for e in enemies:

                e.y += enemy_height


    # Dibujar al jugador

    player = pygame.Rect(player_x, player_y,
player_width, player_height)

    pygame.draw.rect(screen, WHITE, player)


    # Dibujar a los invasores

    for enemy in enemies:

        pygame.draw.rect(screen, WHITE, enemy)


    # Actualizar la pantalla
```

```
pygame.display.flip()


pygame.quit()
```

Este código crea un juego básico de "Space Invaders" donde controlas una nave espacial para evitar invasores que se mueven lateralmente. Puedes expandirlo agregando disparos, colisiones o más elementos de juego. ¡Diviértete editando y personalizando este juego!

25. Juego de Whac-a-mole.

Realiza un juego simple de "Whack-a-Mole" (el clásico juego de darle a los topos):

Solución:

```
import pygame
import random

# Inicialización de Pygame
pygame.init()

# Configuración de la pantalla
WIDTH, HEIGHT = 400, 400
FPS = 60
screen = pygame.display.set_mode((WIDTH, HEIGHT))
pygame.display.set_caption("Whack-a-Mole")
clock = pygame.time.Clock()

# Colores
WHITE = (255, 255, 255)
BLACK = (0, 0, 0)
RED = (255, 0, 0)

# Posiciones de los topos
mole_positions = [(50, 50), (200, 50), (350, 50),
                  (50, 200), (200, 200), (350, 200),
                  (50, 350), (200, 350), (350, 350)]
mole_radius = 20

# Estado de los topos (activos/inactivos)
active_mole = None
```

```python
mole_timer = 0

# Función para dibujar los topos
def draw_moles():
    for pos in mole_positions:
        pygame.draw.circle(screen, BLACK, pos,
mole_radius)
        if active_mole == pos:
            pygame.draw.circle(screen, RED, pos,
mole_radius)

# Bucle principal del juego
running = True
while running:
    screen.fill(WHITE)

    # Manejo de eventos
    for event in pygame.event.get():
        if event.type == pygame.QUIT:
            running = False
        elif event.type == pygame.MOUSEBUTTONDOWN:
            if active_mole and active_mole ==
event.pos:
                active_mole = None

    # Timer para controlar la aparición de los topos
    mole_timer += 1
    if mole_timer == 60:  # Cambia la aparición cada
segundo (60 FPS)
        mole_timer = 0
        if random.random() < 0.5:
            active_mole =
random.choice(mole_positions)

    # Dibujar y actualizar la pantalla
    draw_moles()
    pygame.display.flip()
    clock.tick(FPS)
```

```
pygame.quit()
```

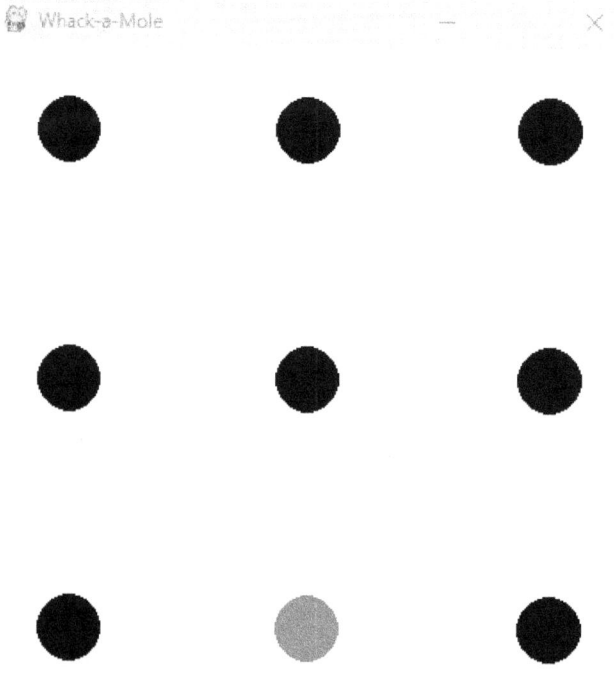

Conclusión

En este libro, hemos explorado el emocionante mundo del desarrollo de juegos con Pygame. Comenzamos desde los conceptos básicos, aprendimos a crear ventanas, dibujar gráficos simples y manejar eventos del usuario. A lo largo de este viaje, hemos construido juegos completos y explorado diferentes géneros, desde juegos arcade hasta aventuras y puzles.

Hemos aprendido a implementar mecánicas de juego, manipular gráficos y audio, y estructurar nuestros juegos para una experiencia de usuario cautivadora. Además, hemos abordado temas más avanzados como la optimización del rendimiento, la distribución de juegos y el desarrollo de juegos en múltiples géneros.

Resumen de Conceptos Clave

- Pygame proporciona una plataforma accesible para desarrollar juegos en Python.
- El ciclo de desarrollo de juegos incluye la configuración inicial, la lógica del juego, el manejo de eventos, el diseño de niveles y la optimización del rendimiento.
- Los diferentes géneros de juegos requieren enfoques y mecánicas específicas para ofrecer experiencias de juego únicas.

Recursos Adicionales y Próximos Pasos

- Explora la documentación oficial de Pygame para profundizar en conceptos específicos y encontrar ejemplos detallados.
- Participa en comunidades de desarrolladores de juegos para compartir experiencias, obtener ayuda y descubrir nuevas técnicas.
- Continúa desarrollando tus habilidades con Pygame creando juegos más complejos, experimentando con nuevas ideas y mejorando tus proyectos anteriores.

¡Gracias por acompañarnos en este viaje de aprendizaje! Estamos emocionados de ver qué juegos asombrosos crearás con Pygame. ¡Que la creatividad y la diversión continúen!